CLIMAPOCALIPSO
A peça para mudança

Konrad Yona Riggenmann

Informação bibliográfica por Deutsche Nationalbibliothek:
A Biblioteca Nacional Alemã registra a edição original alemã dessa
publicação na Bibliografia Nacional Alemã; dados bibliográficos de-
talhados são acessíveis via
http://dnb.dnb.de.

Produção e editora:
BoD – Books on Demand, Norderstedt, Germany.

ISBN: 9783752894752

CLIMAPOCALIPSO
a peça para mudança

Papeis:

Greta	aluna	f
Dok	aluno	m
Climefisto	que sempre quer o mal	m/(f?)
Rafa	arcánja (et cetera)	f
Gabri	arcánja (et cetera)	f
Mica	arcánja (et cetera)	f
Harry	climúsico	m
Rosa	climúsica/o	f/m
Ira	climúsica/o	f/m

Em vez de Apo, Calipso?

"You will die of old age. I will die of climate change"
As duas frases, escritas num papelão erguido por uma moça de uns 16 anos na manifestação para o clima em Curitiba no dia 20 de setembro 2019, me tocaram como acusação: *Você vai morrer de velhice. Eu vou morrer de clima.*
Mas como eu poderia me defender? Talvez como segue?
"Olha, moça, com 16 anos eu dei meu discurso obrigatório no colégio sobre o livro famoso ambientalista *Primavera Silenciosa* de Rachel Carson. Era no ano 1969, na Alemanha. No início de 1981 eu me afiliei ao Partido Verde, e no verão do mesmo ano eu dei para minha turma bem interessada da quinta série uma aula sobre a proteção do meio ambiente, com ênfase nos gases de estufa. Por causa destes eu vendi no mesmo ano o meu paraqueda (10 litros por salto!), doei no ano 1983 meu carro Citroen de 17 hp (pintado com macacos pela mesma turma) para uma amiga, construi no ano 1987 com minha turma de ensino técnico modelos de carros solares desenhados por mim mesmo (e elogiados mais tarde "o brinquedo mais belo do ano" pela revista suíça *Blick*). Instalei dois sistemas solares (térmico e fotovoltaico) entre 1988 e 1990, investi em 1996 um dinheirinho (poupança de viver sem carro) em três turbinas eólicas e fiquei eco-móvel desde então, seja a pé, de bicicleta ou transporte público. Inclusive a avião, mas sempre com fins perdoáveis, por exemplo: no ano 1985 a construção de um jardim de infância em San Carlos, Nicaragua, com a brigada de solidariedade ecumênica Bertolt Brecht; ou pesquisa de campo para o meu mestrado e doutorado pedagógico no Brasil e nos EU (1998-2000) e para um diário de viagem (de bicicleta dobrável) entre Nilo e Galileia, terra do Nazareno vegetariano (e meus ancestrais), no inverno do ano 2005. Com meu último voo eu aterrei no outono de 2011 em São Paulo, levei minha bicicleta dobrada no ônibus para a capital vegana do Brasil, ajudei a Emerson e Joselaine construindo a sua lanchonete vegana – ah, você a conhece – e desde 2017 já plantei umas 200 bananeiras, abacateiros, goiabeiras no meu terreno agroflorestal em Morretes, tentando realizar enfim o que aprendi trabalhando em 1981/82 numa fazenda biodinâmica bávara. Você tá certo ao se perguntar em que isso ajudar enquanto a Amazônia tá sendo queimada para vender mais carne, ou mais soja para engordar mais porcos nas mega pocilgas da China e Europa. Porém, você tem melhor proposta para um velhinho como eu?"

Enquanto o Brasil desmata loucamente, parece que, partindo da Europa, a juventude do planeta consegue exigindo uma mudança radical de rumo, e as reações dos adultos maduros me lembram de Stanley Kubrick e os políticos no seu filme apocalíptico "*Dr. Strangelove or: How I Learned to Stop Worrying and Love the Bomb*". No fim do filme, quando por teimosia masculina a máquina de destruição global já se ligou e o Dr. Strangelove já explicou aos senhores da elite como depois de tudo a Terra terá que ser repovoada por um programa de bunker "Dez mulheres por homem", o estranho doutor alemão no pentágono não mais consegue reter o seu braço que se lança pra frente na saudação nazista, e a farsa trágica termina com a canção das forças aliadas: "*We'll meet again.*"

Estes soldados aliados tiveram, com muitos sacrifícios, abreviado um Terceiro Reich desenhado para reinar mil anos, visto que no capítulo 20 do apocalipse bíblico o Satanás (chamado dono duma sinagoga no verso 2:9) acaba amarrado "por mil anos". E depois cai fogo do céu e todos os não escritos no livro da vida acabam lançados no lago de fogo.

O fogo fóssil da modernidade custará, caso continuarmos dormindo, mais vítimas que os genocídios contra os não arianos do Reich nazista, contra os não brancos da América descoberta e da África escravizada, quer dizer aqueles grupos de sub-homens que compunham a música para o Climapocalipso. Custará mais porque após 2.500 anos nós ainda somos incapazes de realizar politicamente o mandamento de direitos iguais – "Amarás o teu próximo como a ti mesmo" do Levítico 19:18, respectivamente "Trata outros como você mesmo quer ser tratado" ao mesmo tempo no Mahabharata indiano – em favor das próximas (gerações), da criançada deste mundo.

E dai, pra que serviria aqui um teatro escolar – senão para ativar e, em vez de deprimir, sensibilizar? "We'll meet again"? Que bom seria! Encontrar-nos de novo, mas não no momento quando já tornar-se-á claro que o ser humano foi simplesmente tosco demais para essa planeta bela e sensitiva, mas quando já transparecerá que a nossa espécie vai passar por esse exame de maturidade.

No dia mundial do autismo, a *Deutsche Welle* apresentou uma lista de exemplos famosos, com Einstein no primeiro, Mozart no terceiro, e quem no segundo lugar? Todos os três (e o "autista" Kubrick), no meu ver são antes introvertidos e HSPs, quer dizer *Highly Sensitive Personalities*, conforme a psicóloga estadunidense Elaine Aron que escreve sobre tais hipersensíveis e si mesma: "Afinal nós temos um dom profundo de perceber o que outros negligenciam ou negam, e é a ignorância que causa o dano, sempre e de novo." Já em 2001, Aron estava "confiante que pessoas HSP se preocupam muito mais para com o aquecimento global do que os outros." Andrea Brackmann, no seu livro "Além do padrão – super-dotado e super-sensível?" enfatiza o "forte sentimento de justiça" e a "delicadeza pronunciada" de crianças super-dotadas: "Elas sentem apreensão para com outros acima da média e desde cedo ponderam sobre meio ambiente, problemas sociais e a morte"; elas "não apenas são altamente receptivas no plano racional, mas também altamente sensíveis nos planos emocional e sensorial. [...] Numa percentagem surpreendentemente alta, pessoas altamente dotadas são ... vegetarianos estritos".[1] Marie-Louise von Franz reconhece naqueles intuitivos um talento de "cheirar o futuro" que "geralmente só é compreendido por gerações posteriores".[2] Por exemplo a cientista que no ano 1856 foi a primeira que reconheceu o efeito aquecedor global do carbodioxido? Um colega masculino tinha que assumir a tarefa de apresentar num congresso a obra cientifica desta sufragista Eunice Foote que, junto com as suas filhas, a feminista vegetariana Mary e a bióloga marina Augusta, bem pudesse confirmar o princípio da dominância *carnophallogica* formulado por Jacques Derrida: Plenamente reconhecido aqui será apenas quem é homem, come carne e tem a palavra.

A palavra tem a vegana entre o físico e o músico:

"Meu nome é Greta Thunberg, tenho 15 anos e venho da Suécia. Vou falar agora sobre justiça climática.
Muita gente diz que a Suécia é um país pequeno e o que nós fazemos não tem importância. Mas eu aprendi que você nunca é pequeno demais para mudar algo. E se umas poucas crianças chegam às manchetes simplesmente porque não vão para a escola, então imaginem o que nós juntos pudéssemos conseguir se o quiséssemos realmente! Mas para conseguir isso, temos que falar francamente, não importa quão chato será.
Vocês só falam sobre eterno crescimento econômico verde, pois vocês têm medo de ficar malquistos. Só falam sobre continuar com as mesmas ideias ruins que nós levaram nessa bagunça, se bem que a única coisa razoável seria aplicar o freio de emergência. Vocês não são maduros o bastante para dizer o que é a realidade. Até essa tarefa vocês

---

1 Brackmann, p.16, 48, 92.
2 Aron 1997, p.209-213, e 2001, p.33. .

deixam para nós crianças. Mas para mim não importa se sou ben-
quista. O que importa para mim são justiça climatica e o planeta vivo.
Nossa civilização está sendo sacrificada para a chance de um núme-
ro muito pequeno de seres humanos de continuar ganhando montes
enormes de dinheiro. Nossa biosfera está sendo sacrificada para que
gente rica em países como o meu possam viver em luxo. Os sofrimen-
tos dos muitos pagam o luxo dos poucos.
No ano 2078 eu quero celebrar o meu 75º aniversario. Se eu vou ter
filhos, eles talvez vão querer passar o dia comigo. Talvez eles vão me
perguntar sobre vocês. Talvez vão querer saber por que vocês não
fizeram nada quando ainda houve tempo. Vocês dizem que amam os
seus filhos mais que tudo, e mesmo assim vocês roubam o futuro deles,
diante dos olhos deles ..."[3]

Houve elemento religioso no discurso da Greta, algo que pudesse
justificar o espaço que a ótica religiosa ocupa no Climapocalipso –
além do fato que, conhecendo todos os dados científicos e soluções
possíveis, de fato tudo depende da nossa moral? *Justiça climática e*
o planeta vivo são as metas da jovem ativista. "A justiça, somente
a justiça seguiras" e "escolhe pois a vida, para que vivas, tu e tua
descendência": é isso que demanda o quinto livro de Moisés
(Deuteronômio 16:20; 30:19-20) num apelo resoluto de isto ou aquilo,
"para que fiques na terra [*adamá*] por muito tempo". As variações do
velho Goethe sobre motivos bíblicos são bem melodiosas quando no
fim do segundo prologo ele deixa o Mefistófeles zombar:

Ai, o nosso Velho! De vez em quando gosto de o ver
e cuido não quebrar com ele de repente.
È jeito bem bonito do grandíssimo Senhor
falar com o diabo mesmo tão humanamente.

Um Deus que fala tão humanamente com o diabo: isso é uma faceta
linda do livro de Jó, onde "num dia em que os filhos de Deus (*benei*
elohim) vieram apresentar-se perante o Senhor, veio também Satanás
entre eles", e o Senhor o perguntou: "Donde vens?" Muito claramente
Goethe toma a cena de Jó, capítulo 2, de modelo para o seu prólogo 2
no céu, texto onde o Satanás se destaca entre os "filhos de Deus" (os

---

3   Greta Thunberg: Discurso na Conferencia Mundial do Clima em Kato-
vice, 12.12.2018. Greta é parente do premiado Nobel Svante Arrhenius, que
previu o aquecimento mundial já em 1908.

arcanjos) e ouve de Deus em vez de "Observaste o meu servo Jó?" a pergunta "Conhece o Fausto?" E então o "Velho" entrega ao parceiro de aposta satânico "o Fausto ... meu servo" ou seja "meu servo Jó" para o teste de resiliência.

No poema Goetheano *O Aprendiz de Feiticeiro*, o *Velho Mestre* volta pra casa a tempo para salvar o aprendiz já quase afogado pela vassoura obediente que o jovem tinha mandado trazer água, usando um verso feitiço que ele depois não sabe revogar. Na lenda judaica, a esposa do rabino Löw de Praga manda o Golem – o servo robô que o *rabino* (mestre em hebraico) tinha criado de argila para dar um forte protetor à comunidade – trazer água para casa, enquanto ela sai para fazer compras no mercado. Quando volta para a casa já inundada, felizmente o marido consegue tirar o papelzinho com o nome de Deus que ele tinha colocado de baixo da língua do Golem, e ele para.

"Na vida de Goethe e na obra dele existe um confronto com o cristianismo, um dos grandes confrontos de todos os tempos", comentou o padre jesuíta Friedrich Muckermann, honrado com o Premio Goethe de 1932. "Toda criação é obra da natureza", Goethe escreveu no ano 1796. Sua vontade declarada de "ver Deus na natureza, e a natureza em Deus" lembra o panteísmo de Baruch de Espinosa (1632-1677), o filósofo marrano-português expulso da sinagoga de Amsterdam no ano 1656, enquanto a Igreja conseguiu banir o *Tractatus logico-philosophicus* dele só em 1674. No seu livro sobre marranos e modernidade, Yirmiyahu Yovel apresenta Espinosa como exemplo de uma "cultura tacida de ironia e dúvida passiva, mas também de dissenso interior ativo", uma cultura enfatizando não mais o *além* da vida terrestre mas o mundo material que temos que mudar e amelhorar eticamente; uma cultura clandestina destes Marranos que justamente por sua resistência serviram como "catalizadores de correntes de modernização" na Europa pós-medieval.[4] Espinosa como Goethe? Mas Goethe não é marrano, certo, nem seu Faust um romance pícaresco como o Don Quixote do marrano Cervantes?

Sadok Seli Soltan (1270-1328) provavelmente foi o primeiro turco registrado na Alemanha. Prisioneiro duma cruzada na Síria, ele tornou-se coronel alemão por sua bravura, se casou no ano 1304 com Rebecka Dohlerin e foi batizado no ano 1305 em Brackenheim. Não existiam mulheres cristãs com o nome judaico Rebecca na Alemanha antes do fim do século XVI, quando os huguenotas perseguidos fugiram da França. Entre as vítimas do holocausto, os nomes Doler e

---

4   Yovel, Yirmiyahu, The Other Within, Princeton 2009, p.334-339; 276.

Toller (como o Ernst Toller, dramaturgo exilado em 1933) aparecem centenas de vezes.

Vários historiadores alemães assumem que Goethe, "de quem se sabe desde o século XIX que tinha ancestral do oriente" (wikipedia) e que homenageou a poesia árabe como também o Alcorão no seu *Divão Ocidental-Oriental*, é um tataraneto de Sadok e Rebecka Soltan. "De todos os espiritos que negam, o brincalhão o menos me incomoda", o Deus de Goethe, com piscar de olho para o pícaro, elogia o Mefisto. Enquanto Espinosa igualiza Deus e Natureza, o "pagão" confesso Goethe enfatiza, na conversa com Johann Peter Eckerman no dia 13 de fevereiro 1829, três anos antes da sua morte, a infalibilidade divina dela, acompanhada pela severidade duma professora tarimbada, severidade que nós, a turma grande atrevida, *climapocalipticamente* vamos poder sentir logo:

"A natureza não entende brincadeira, ela é sempre verdadeira, sempre séria, sempre severa; ela tem sempre razão, e as falhas e os erros sempre vêm do homem."

Foto do jovem protetor de árvore: Cortesia de Avaaz.org, 19.07.2019, "Parem de matar a Amazônia!"

PRELÚDIO na Terra

A melodia "Shto mne gore" (É isto minha dor) originou na cultura cigana e foi publicada pela primeira vez pelo músico judeu Samuel Yakovlevich Pokrass (Kiev 1894 – Nova Iorque 1939) já antes da sua emigração em 1924.

Em roupa de praia, arrefecendo com suas toalhas, as três arcánjas uma após outra entram no palco e cantam sus versus sem acompanhamento, enquanto vestem os trajes (mantos azuis, cintos e asas de papelão ou plástico, postos na plataforma elevada no fundo do palco) e sobem para este nível mais alto, mais ameno.

Rapha: Boa noite, sejam bemvindos cá.
E bem na hora, pois no clima o tempo importará
Enquanto o tempo escorra, [olhando pra relógio]
agilmente indo embora
a espécie humana parece insana:
    Tanto faz de besteira
    estraga o que queira
    aquecendo o nosso clima.
    A floresta corta,
    deixa a fauna morta
    e nenhum riacho puro, e queima
    sem estudo e planos
    óleo de mil anos
    o bípede no Mercedes Benz.
    O que mais se espera
    dessa bruta fera
    do tiranosapiens?

Gabri: Por favor, não esperam o grande show,
O crash do clima não é de brincadeira não
Nossa peça nem comédia
vai ser nem tragédia.
pois se bem que sombria
vai ter de magia:
    Roubamos de Goethe
    o doutor Faust e Grete
    além do satanás Mefisto,
    que com Deus embate

e o põe xeque-mate,
e cantamos dois Calipso!
E também La Bamba,
de Noel um Samba,
Gershwin e canção do leste.
Apesar de séria,
o elenco espera
que a nossa peça preste.

Mica: Gente, peço não esperam demais.
A peça nossa vai chatear talvez os tais ... homens
que acham cena não preste
se a roupa se veste.
Roupa azul, cor do céu pra fiel e atéu, mas
olham lá na Terra
Ártica já era
sobem nuvens de fumaça!
Morrem os corais,
ondas cobrem cais
e o permafrost tá degelando.
Tudo se acelera,
estupidez opera
e o mundo vai pra fundo
enquanto nós acima
louvarmos em rimas,
azuis de cor o criador!

1ª CENA: Prologo no Céu (como no drama de Goethe)

No nível elevado do céu, no fundo do palco, entram sucessivamente as três arcanjas Rafaela, Gabriela e Micaela, reconhecí-
veis pelas asas de papelão ou plástico nas suas costas.

Rafa: *O sol fica soando de antigo modo*
              no canto das esferas dos irmãos
              finalizando sua jornada receitada
              com andamento de trovão.

A vista dela dando força a nós anjos,
enquanto ninguém a consegue entender;
as obras incompreensivelmente altas
sempre ficam esplendidas a ver.

No nível terrestre, o Climefísto, reconhecivelmente satânico no seu vestido (preto com vermelho) como também na máscara, se aproxima desleixadamente à plataforma celeste e sobe passo por passo.

Climefisto: E cada dia mais insuportáveis
são os graus Celsius do calor.

Gabri: *E rápido, incompreensivelmente rápido*
está girando a terra, verde e azul de cor;
trocando a clareza do paraíso
por trevas noturnas cintilando de esplendor;
o mar surgindo com espumas
nas rochas duras e profundas assim,
que rocha e mar juntos são arrastadas
na corrida das esferas rápida sem fim.

Climefisto: E arrastados os recifes de corais,
mortos já na agua esquentada,
cheia de plástico e cada dia mais,
quanto os peixes, saqueada.

Mica: *E tempestades entram na corrida,*
do mar pra terra, terra para mar,
formando a cadeia enfurecida
de efeito profundíssimo, sem par.
Ali as chamas de relâmpagos
dão suas boas-vindas ao trovão;
enquanto, meu Senhor, seus mensageiros
veneram já a alvorada, o voo dourado do pavão.

As três: *É essa a visão que fortalece a nós anjos,*
visto que ninguém te pode ver jamais,
e todos seus feitos tão supremos,
são maravilhas eternamente iniciais.

Climefisto: Só essas altas temperaturas
não foram planejados pelo Senhor.
Suponho eu. Ou será que foram?
Pois afinal foi Ele
que deu na mão do homem o carvão
e o petróleo por toneladas.
Iniciando toda a cagada ...

Indignadas, as arcanjas se voltam contra ele.

Rafa: Te comporta, cara! Aqui nas regiões celestes
a gente nunca toca na sujeira terrestre,
mas escolha palavra nobre como o Goethe!
E esse aviso não se repete!

[Ostensivamente ela dá as costas para ele, enquanto as colegas, com dedos afiados, dão recado para ele]

Gabri e **Mica**: O-kay?!

Climefisto: É assim que começava a ca ..., essa calamidade,
aquela que nós tanto atrapalha agora:
A ca... a carbodioxigada
fica no ar, e não quer ir embora.
Óleo da serpente sedutora,
carvão da arvore do bem e mal,
enterrados por milhões de anos,
escondidos no pré-sal,
assombra a vida dos humanos
desde que, com tal de tromba
o Adão de hoje habilmente bomba
pra cima e joga aquela massa preta
nas praias e no ar da nossa planeta,
no mundo das crianças ainda não nascidas,
e isso não é bom, minhas amigas!

Gabri: O criador que colocou petróleo e carvão
lá para nós no solo, não fiz erro não,
e ele vai fazer com que a Terra não esquenta
e vai cuidar pra que o ser humano ...

Climefisto: ... o filho do macaco ...

Gabri: ... não cortará o galho no qual senta!

[Ela se vira, dando as costas pare ele como Rafa]

Mica: Sem dúvida alguma, o Senhor vai nós salvar!

[Ela também se vira desafiadoramente]

Climefisto: Olha minha cara prima, vamos apostar?
Resta ainda uma dúzia de anos.
Até que vamos nós saber, e sem enganos,
se o ser humano vencerá ou antes perda,
se o futuro vai trazer aurora –
ou antes, me desculpem, merda.
E visto que em tais senhores velhos
só pouca tenho eu confiança,
vou dirigir os meus últimos apelos,
com a mais louca esperança
e meu mais fino ateismo
à juventude bem prudente,
enquanto os velhos rumo ao abismo
ficam andando cegamente,
já há dois séculos atrás.
Só hoje com mais gás.

[Ele se senta, deixando as pernas balançar do céu, enquanto debaixo dele dois terráqueos entram no palco ...]

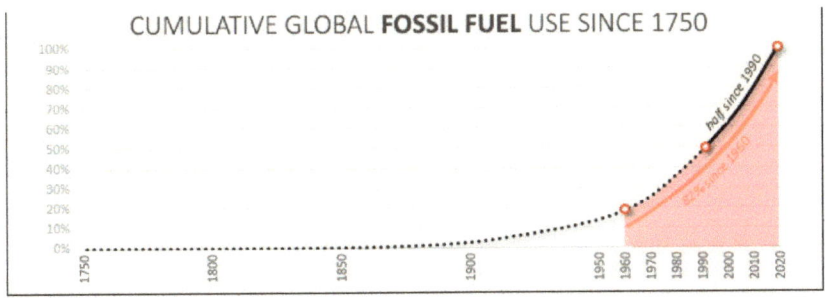

Cumbustíveis fósseis desde 1750: NationalObserver.com, 31.07.2019.

2ª CENA: Embate terrestre

Greta e Dok, ambos absorvidos pelos livros que têm nas mãos e sem se perceber mutuamente, andando para trás se aproximam devagar até que se esbarram pelas costas.

Dok: Upa, de novo, a autista.

Greta: Upa, de novo, o doutor distraído.

Dok: Estranho de acaso, que nós dois batemos sempre de novo.

Greta: Acasos não existem. Tudo o que acontece, obedece à lei da causalidade.

Dok: Você acha? Então tudo é predestinado, desde o início do tempo, desde o big bang?

Greta: Não, absurdo. Nós seres humanos temos o livre arbítrio. Podemos decidir à vontade. Temos consciência e livre vontade, e predestinado é nada.

Dok: E por que o teu inconsciente sempre decide colidir sempre comigo?

Greta: O inconsciente meu? Talvez é o seu que decide isso, subconscientemente?

Dok: Por que seria que eu, o mais inteligente e mais bonito aluno deste colégio, colidiria justamente com uma moça, bem, vamos dizer uma moça nem irresistivelmente atrativa como você?

Greta: Talvez porque você também sofreu um big bang. Porém, agora eu pelo menos entendo por que na tua turma eles te chamam o doutor.

Dok: Doutor Fausto, exatamente. E você é a Greta com as tranças como a Gretel na versão alemã de João e Maria.

Greta: Olha, o doutor gosta de conto de fada?

Dok: Dos irmãos Grimm, exatamente. Quero fazer doutorado em filologia alemã. Por isso eu leio Grimm, e Grimmelshausen, e todas as obras de Goethe. Aliás, ele se ocupa muito com o livre arbitrio, no seu drama do Doutor Fausto. Este doutor é um cientista que estudou filosofia e jurisprudência, medicina e teologia, mas que enfim tem que admitir: "Aqui encontro-me qual dantes; tão rico em estudos só fico ignorante." Ignorante porque não entende a natureza. No latim, natura significa tornar-se nato.

Greta: Não entende por que o ser humano se encontra nato neste planeta sem tê-lo escolhido?

Dok: ... nem entende outros acontecimentos naturais, como o amor, o fogo e os vulcões, o crescimento das plantas e o sofrimento d'*A Rosa do Cerrado*, um poema de Goethe e canção romântico.

Greta: *A Rosa do Cerrado*. E também quer entender coisas naturais perigosas como por exemplo ... a mudança do clima?

Dok: Ah, o teu assunto permanente. Na época de Goethe, crise do clima não houve.

Greta: [irônica] Não diga!

Dok: Mas clima houve sim. Alemanha fria, Itália linda.

Greta: E por isso Goethe viajou para a Itália onde ele ficou por dois anos, visitando muitos teatros e caminhando na natureza. Por exemplo subindo ao Vesúvio. Só no ano 1788 ele voltou para Alemanha, e dez anos depois ele escreveu o Doutor Fausto.

Dok: Olha, você não é tão chata.

Greta: Que surpresa!

Dok: Então você provavelmente sabe que o Doutor Fausto tem a vontade quase fanática de entender a natureza por todos os meios, certo? É isso que ele quer, a todos os custos: *"Reconhecer* *o vínculo profundo que intimamente une nosso mundo"*. E o antagonista dele é o Mefistófeles, um jeito de diabo ou de Satanás que diz sobre si mesmo:

*"Estou detalhe só, daquele poder
que sempre quer o mal, e sempre o bem vai promover."*

Greta: E a mudança do clima? Nós a entendemos já por muito tempo. Temos todos os dados, sabemos o que vai acontecer e que pode sair-se mal, que *tem* que sair-se mal.

Dok: Já no ano 1896 o premiado Nobel Svante Arrhenius calculou nitidamente como a temperatura mundial mudaria se a gente dobraria a quantidade de carbodioxido na atmosfera, e o cálculo dele de então está certo até hoje.

Greta: Mas já quarenta anos antes dele uma mulher tinha comprovado a mesma coisa. Com um teste simples: Bomba de ar, dois termômetros e dois vasos de vidro, preenchidos primeiro de ar, segundo de hidrogênio, terceiro de carbodióxido. Ela resumia: *"An atmosphere of that gas would give our earth a high temperature."*

Dok: Quando ela escreveu isso?

Greta: No ano 1856. Por que é que nós fazemos nada contra a catástrofe? Porque nós queremos o mal? Quem, de verdade, quer o mal? O aquecimento global, a extinção das espécies, e secas e enchentes, é isso que queremos? Queremos de verdade que milhões e bilhões de seres humanos têm que fugir das pátrias deles? E fugir pra onde?

Dok: Paraaa – outros planetas?

Greta: Outros – pshiung ... [ela mostra a loucura da ideia com o dedo: foguete passando cabeça] – outros planetas?

Dok: Eu sei que é loucura, impossível, e ninguém quer emigrar da Terra realmente. Ninguém quer o aquecimento global mas todos querem andar de carro, voar nas férias, e bife do braseiro.

Greta: Calor de braseiro ninguém quer sofrer. Mas muitos, ainda muitos demais não querem perceber o que estão causando. Talvez o mal, ou o pecado, é simplesmente o não querer ver?

Dok: Não querer renunciar dos costumes. Nós somos escravos dos nossos hábitos. E Goethe escreveu: "Ninguém é mais escravo do que aquele que se considera sendo livre sem que o seja".[5]

3ª CENA: Automoção

Greta: Escravos, isso é um ponto importante. Quando ainda não houve automóveis, as pessoas importantes, por exemplo os faraós do Egito, sentaram-se em palanquins portados por escravos pelas ruas das cidades. Pessoas menos ricas usaram animais como escravos: Jumentos para carregar frete, renas para puxar trenó, elefantes como veículos de combate, bois como debulhadoras, e naturalmente cavalos para cavalgar e puxar coche. Os nossos automóveis eram animóveis, com motores vivos ...

Dok: ... até o momento quando nós aprendemos a substituir a força dos animais pela força do fogo. E incender fogo tornou-se cada vez mais fácil. Não mais pedra de isqueiro, não mais fósforo, só rodar a chave de ignição ...

Greta: ... e já vamos, com tanque cheio, para a rodovia ...

Dok: Vamos sim, vamos pra rodovia, pois sem carro, eu acho, não dá. Nós temos que mover-nos. Olha a palavra movimento, significa quase sempre coisa boa: Movimento para direitos humanos, movimento para melhor educação, movimento anti-racista, até o movimento para proteção do clima ...

Greta: Será que para apoiar um movimento se precisa de automóvel? Lembra o jovem Goethe que viajou para Itália, lembra o Alexander von Humboldt, contemporâneo dele que pesquisou

---

5   As Afinidades Eletivas, 2ª Parte, capítulo 5.

na Amazônia, lembra a astrônoma Caroline Herschel, a libertadora de escravos Harriet Tubman, a sufragista Sojourner Truth [todas na tela] e lembra a Eunice Foote: Todas elas nem tiveram bicicleta! Nós somos muito automóveis e tremóveis e aviãomóveis e helicopteromóveis e foguetãomóveis, más no caso do clima somós tão imóveis como um cemitério, porque o que nós falta é a experiência climática. Aprendimos ver a Terra como astronautas, mas não como desastronautas que fossem capazes de enxergar o desastre que nossa geração, movendo-se em automóveis, está promovendo para o futuro ...

Mefisto: Pro-mo-ven-do? [Ele pula do nível celeste, seu manto adejando jeito vampiro, e fica em posição curvada, pronto para erguer-se]. Vamos dizer melhor: Pro-vo-can-do!!! [Ergue-se, estendendo e jogando para cima o seu manto preto]

Greta: Provocando por combustão. Ou não?

Dok: É isso o cerne da questão. [Ele dirige no controle remoto a apresentação na tela] Primeiro se queimou carvão, a partir de acerca de 1800, em motores a vapor puxando máquinas, navios, trens, e para bombar as águas das minas de carvão. A exploração de petróleo só ganhou força quando John D. Rockefeller fundou a *Standard Oil Company* e logo virou o homem mais rico do mundo. Para poder transportar o petróleo a custos baixos, Rockefeller – descendente de agricultores da aldeia Roggenfeld na Alemanha – fiz um contrato bem esperto com a ferrovia americana. No ano 1870.

Greta: A energia líquida era barata. Agora se precisava só os automóveis com tanque grande para grande alcance. E dois alemães capazes de construir tal coisa.

Dok: Os nomes deles eram Gottfried Daimler e Carl Benz, ambos morando na Suábia.

Greta: Ouvi que na Alemanha se diz que os suábios conseguem fazer tudo, menos falar alemão certinho. Aliás, você me poderia explicar por que este carro famoso Daimler-Benz da Alemanha vem com o nome Mercedes? Não é um nome feminino da Espanha?

Dok: Si si, verdad, tiene un son un poquito español. Mas por que um carro alemão terá apelido de menina espanhola? Por favor me pergunte coisa mais fácil, pois eu não sei, okay?

Harry: [no meio da plateia] Maish eu sei. Quanto a carrosh, eu sou um banco de dadosh. Voceish me podem eshaminar.

Mefisto: Revelam-se os cariocas
quando abrem suas bocas.

Harry: Quanto aosh carrosh bonsh e Mercedesh, tó firme em todosh osh detalheish.

Mefisto: Abra tesouros, abra os redes.
E contas que saibas, da Mercedes!

Harry: A Mercedesh era a filha do diplomata vienenshe Emil Jellinek. Eshte diplomata era um dush primeirush fãs de automóveish e comprou o seu primeiro Daimler em 1897, e em 1899 o segundo, com 16 hp, olha só, dezesseish. Eshte carro ele regishtrou para uma corrida em Nizza sob o nome da sua filha bonita e já ganhou a corrida. E por que a filha deshte aushtríaco se chamou Mercedesh? Porque osh anceshtrais da avó dela, da Rosalia Bettelheim, eram judeush eshpanhoish, na época das fogueirash. O avô da Mercedes era o rabino vienense Adolf Jellinek, e a netinha dele nasceu no meshmo ano 1889 como o outro Adolf aushtríaco, aquele que no ano 1934 prometeu aosh alemãesh o famoso Volksh-Wagen, carro do povo, para a nova Autobahn alemã, com cem quilometrosh por hora e preço abaixo de mil markosh. Muito bem. Só que sob o governo do Adolf Hitler o povo não obteve carro de povo nenhum. A fábrica em Wolfsburgo produzia carros militaresh, para a guerra. Só apóish de 1945 apareceu o primeiro fushca, e no ano 2003 o último de 22 milhõesh de fushcash, produzido eshte último em Mexico. Mas o que vale o fushca, comparado com Mercedesh?

Greta: Então a Mercedes era judia?

Harry: Sim, maish ela morreu já antesh da posse de Hitler, sofreu de câncer dos ossosh. E nunca teve carro.

Greta: Eu escrevi um poema sobre um judeu suábio famoso que nasceu na mesma cidade da Suábia como aquele pioneiro de aviação, o famoso alfaiate de Ulm.

Dok: Ulm no Danúbio azul? Então o teu poema talvez é sobre Albert Einstein?

Greta: Exatamente.

Dok: E o que será que o Einstein tem de ver com o teu tema permanente, o clima?

Greta: Imagine. Teoria da relatividade. Energia, massa vezes velocidade da luz.

Dok: Verdade. Trata-se tudo de espaço e tempo, como no carro, no avião, e no caso da Terra que fica numa distância de quatro anos-luz da próxima estrela.

Greta: De fato, meu poema é uma canção, para uma melodia calipso de Jamaica. Mas como não temos músicos, eu quero ler meus versos simplesmente.

Mefisto: Como? Ler simplesmente? Calipso jamaicano, ler simplesmente? Tá loca, senhorita? Calipso é ritmo latino, ritmo caribeño, tá entendendo? Tiene que ser cantado y tocado, claro?

Greta: E quem deveria cantar o calipso?

Mefisto: [já no caminho para os bastidores do palco, buscar algo] Naturalmente tu, mi cara señorita. Tu lo puedes!

Greta: Eu posso é tornar-me ridicula.

Mefisto: Garota boa não pinta
diabo no muro não!   [Ele volta com violão na mão]
Em vez de gastar tinta,
usara voz e graça, e sobretudo razão!

Dok: E quem vai tocar o violão ...

Mefisto: [aponta jeito mandão para Harry na plateia] Tu!

Harry: Eu? Maish deshculpa por favor, eu jamaish na vida ...

Mefisto: Jamaish tocou guitarra, eu sei, mas a partir de hoje, que maravilha, você sabe tocar, e por três razões: Primeiro, você vem da cidade maravilhosa. Segundo, eu sou o Mefísto. E terceiro, isso é uma orrrdem! Suba para palco, e muito rrrrapido!

Harry: Já venho ...

Mefisto: Parabéns, seu moço, agora é um virtuoso! E justamente nessa reliquia do século decimo sexto. Guitarra española, dum herege queimado, eu o vi nas chamas com meus próprios olhos. Cuida bem do instrumento, capito?

EINSTEIN FAREWELL jeito Jamaica Farewell (Calipso no estilo Mento), de compositores anónimos, acompanhado visualmente por imagens na tela, ou até uma sequência do video *"Albert Einstein Driving a Flying Car"* com sua esposa Elsa no ano 1931 (youtube).

O físico Albert Einstein
é objeto da minha canção.
Pesquisou sobre espaço e tempo
e nunca comprava um carro não. E o ...

Einstein como físico disse:
"Tecnicamente automóvel não dá,
pois gasta tanta energia
andando sem sentido pra lá e cá."

Comprar automóvel achou asneira
preferindo economizar.
E nunca fiz a sua carteira,
confiando em duas rodas pra andar.

Pra navegar um espaçonave,
sua teoria ajuda bem.
Usou anos-luz pra medir distâncias,
e na Terra preferia andar de trem. *Ein Stein*

significa *uma pedra*
e jeito de pedra ele sabia nadar,
mas não obstante soltou seu barquinho,
e foi navegando no alto mar. Ele ...

disse: "Enquanto tudo é finito,
há duas coisas que não têm fim.
A tolice humana e o universo,
mas enquanto o universo duvido sim."

Que viver é como andar de bike,
o ciclista Einstein sabia provar:
O homem consegue manter o balanço
só enquanto movendo sem parar. E o ...

pacifista Einstein remarcava:
"Você tá gostando de marcha militar?
Por que, então, precisou de miolo?
A medula espinhal daria já. Se eu ...

na física não me tivesse formado,
um músico eu queria ser.
Até em pensamentos eu uso melodias,
E sem música eu não pudesse viver.

E desde que tornei-me vegetariano,
eu cada vez mais tenho a impressão,
que o ser humano não foi criado
pra comer outro bicho, seu irmão. E as ...

chances pra sobreviver no planeta
nada pudesse mais aumentar
do que se mudássemos nossa dieta
pra vegetariana sem demorar."

Perguntado quando a teoria
de emcequadrado [mc^2] nele nasceu,
o Einstein disse: "Se não me engano,
andando de bike ela me ocorreu.
Agora eu lembro, foi assim mesmo,
andando de bike ela me ocorreu."

Mefisto: E agora, quem é o melhor violonista carioca?

Harry: Eshtranho, né? Poish eu nem sábia.

Greta: Obrigado, foi ótimo. Einstein disse que o melhor jeito de animar si mesmo é animar outro alguém.

Dok: E o melhor jeito de fracassar? Olhem para o diagrama. O petróleo correu cada ano mais rápido: Do ano 1800 até a segunda guerra subiu bem devagar ... a aceleração só começou certinho após a guerra, 75 anos atrás, quando as primeiras fuscas foram produzidas e as famílias alemãs começaram fuscando para as praias da Itália. Desde então a quantidade de carbodióxido que nós colocamos no ar por ano subiu de um bilhão para dez bilhões de toneladas. Significa 1,4 toneladas por capita.

Greta: Porém, depende muito do país onde a pessoa vive. Na África, um ser humano mediano produz apenas meia tonelada de carbodióxido por ano, no Brasil duas toneladas, na Alemanha nove, nos EU 15 e nos emirados árabes até 30 toneladas por capita e ano. [Na tela: CO_2 por capita, por país]

Dok: Com óleo o petróleo vai bem lubrificado: Diesel para bombas, para maquinas de construção de oleodutos, para navios-tanque e caminhões de combustível – todos e todas com motores de combustão.

Greta: Mas o problema é resolúvel. Cada dia o sol manda 100 vezes mais energia para o mundo do que nós precisamos, e bondosamente mandará por mais 5 bilhões de anos. Energia solar fica cada dia menor no preço e maior na produção. Motores elétricos têm eficiência energética acima de 90 por cento, contrário aos motores de pistão com 40 no máximo e turbinas de aviões com nem 30 por cento. Significa que no avião a jato 70 por cento da energia é queimada sem sentido.

Dok: O problema com motores elétricos é só a bateria. Precisa-se muito lítio e isso se tira de ...

Greta: ... minas, eu sei. E na extração se gasta muita água.

Dok: Alegadamente a LiPo, a bateria lítio-polônio para um carro elétrico, causa tanto dano para o clima como andar 60.000 quilômetros de carro convencional.

Greta: Contudo, este lítio não está sendo consumido nem queimado nem desperdiçado, mas pode ser reciclado em novas baterias infinitamente, de quase cem por cento.

4ª CENA: Aviação

Dok: Isso é um argumento. Então tudo bem, tomara que o problema dos motores é resolúvel. Complicado será apenas nos aviões. Por causa das baterias, que têm que fornecer a energia de cem toneladas de querosene por vôo intercontinental. Vão ser pesadas pra caramba. Bem, em vez de querosene podemos alimentar as turbinas por hidrogênio limpo, mas pra hidrogênio precisa-se tanques ainda maiores do que para querosene. Oléo vegetal funcionasse também ...

Greta: Claro, vamos derrubar a Amazônia para óleo de palma.

Dok: Claro que não. Aceita óleo de soja vegano?

Greta: São Paulo – Nova Yorque – São Paulo: 560 litros por pessoa, a safra de um hectare de soja transgênica na Amazônia.

Dok: Ou de olivas, aceite de olivas orgânico? Eu sempre uso para minha ... panqueca! [Ele faz mímica de panela, virando panqueca no ar]

Greta: E por que não voar elétrico? Funciona ótimo em drones.

Dok: Greta, eu te acho cada vez mais simpática. Teu otimismo infantil é realmente encantador.

Greta: E teu sarcasmo acadêmico é cada vez mais chato. Seu jeito me puxa pra baixo, como tempo de novembro sueco, entende? Em novembro eu sempre quero voar embora, como as aves migratórias, para lugares mais quentes e mais ensolarados.

Dok: Entendo bem, lembrando um outono na Alemanha. E então eu me pergunto, se estes pequenos pássaros conseguem voar milhares de quilômetros sem escala, por que o ser humano não consegue voar ecologicamente? Como, por exemplo, o beija-flor-de-peito-roxo [foto na tela]. Ele pesa só seis grama, mas voa 2.200 quilômetros através do Golfo do México. Lá só tem água, nada de escala. E o falaropo-de-bico-fino voa da Escócia sobre o Atlântico, e sobre o Golfo de México, e depois continua para o Pacífico.

Greta: Golfo do México. Jamaica, Cuba. Quero voar pra lá.

Dok: Eu também, já por causa da música caribenha, o Reggae e Mambo, o Salsa e Calipso.

Greta: Você conhece Day-O?

Dok: O *Banana-Boat-Song*? Mas sim o conheço. Até escrevi um novo texto pra ele. Posso ler para você?

Mefisto: Olha ele, da mesma tribo, combina bem com ela. "Posso ler para você, meu amor?" Que abismo de absurdo! Day-O tem que ser cantado e tocado! Banana Boat tiene ritmo caribeño, criolo, tá entiendendo?

Harry: [toca algumas cordas do seu violão] Maish para o ritmo, noish precisassemush de ...

Mefisto: [estalando os dedos] Eu trago para vocês batucada e mais uma guitarra, meninos.

Greta: E quem deveria tocá-las?

Mefisto: Bem, os dois músicos que eu vou arranjar agora. Um guitarrista já temos, né? [Ele hipnotiza duas vítimas na plateia]
Tu! – E tu ai!
Vem pra pálco, rrraaapidinho!
Venham cá
e toquem já,

com ritmo e empenho,
calipso carrribenho!

Rosa: Às suas ordens, ô grande Mefisto!

Ira: Com zelo assisto!

Harry: Agora ás três, e bem imprevishto!

Mefisto: [para Greta] Os três agora fazem tudo que você manda, e tudo que eu quero ...

Greta: Vocês sabem tocar o calipso Day-O de Harry Belafonte?

Rosa: Apocalipso ...?

Ira: Day-O...?

Harry: Dayologia, do Padre Fontebatishmo? Eu não só católico.

Mefisto: [traz violão e instrumento rítmico simples] Mais duas reliquias da Espanha, século decimo sexto. De dois outros hereges, eu os vi queimando. Com estes vocês agora vão tocando o calipso Day-O de Belafonte ou Bellanfanti. Mas com salsa y pimienta, mis señores!

Rosa: Mandou nosso mestre ...

Ira: ... que o trio orquestre ...

Harry: ... e bom servo se adestre!

Mefisto: [dando sinal mandão] Não existe canção que vocês não conhecem. Tocam a canação do avião, meus emperegados, senão eu vou punir meus escaravos inefernalemente!

Harry: Gente, tocam para escapar do inferno!

Ira: Espero que não será ...

Rosa: ... eterno!

E-O   Calipso tradicional (Trinidad) /Harry Belafonte
Acompanhado pelo trio, Dok canta a parte solista no seu calipso,
enquanto os versos traduzidos do refrão inglês "Daylight come
and me want go home" são entonados por Greta, Mefisto e as
três arcanjas.

Texto tradicional	Texto clima
Day-o, day-o	Kingston, get on board now!
Daylight come and we wan' go home.	*Greta vem, voar elétrico.*
Day, me say day, me say day, me	Get, on board now, on board now, on
say day, me say day, me say day-o	board now, on board now, on board no-w.
Daylight come and me want go home.	*Greta vem, voar elétrico.*
Work all night on a drink of rum	Antes voamos de querosena,
Daylight come and me wan' go home	*Greta vem, voar elétrico.*
Stack banana till the morning come	New York, Kiev e Cartagena.
Daylight come and me wan' go home	*Greta vem, voar elétrico.*
Come, Mister tally man, tally me banana	Na era fossil há muito passada,
Daylight come and me wan' go home	*Greta vem, voar elétrico.*
Come, Mister tallyman, tally me banana	gas por pessoa, três tonelada.
Daylight come and me wan' go home	*Greta vem, voar elétrico.*
Lift six foot, seven foot, eight foot bunch	Três toneladas de fumaça,
Daylight come and me wan' go home	*Greta vem, voar elétrico.*
Six foot, seven foot, eight foot bunch	olha que hipócrisia crassa!
Daylight come and me wan' go home	*Greta vem, voar elétrico.*
Day, me say day-o	E, we fly E-lectro!
Daylight come and me wan' go home	*Kingston, Jamaica, voo elétrico.*
Day, me say day, me say day, me say	E, we fly E, we fly E, we fly E, we fly
day, me say day, me say day-o	E, we fly E-e-electro.
Daylight come and me wan' go home	*Kingston, Jamaica voo elétrico.*
A beautiful bunch o' ripe banana	Sidney, Havana e Belize.
Daylight come and me wan' go home	*Greta vem, voar elétrico.*
Hide the deadly black tarantula	Sem turbina mas com helice.
Daylight come and me wan' go home	*Greta vem, voar elétrico.*
Lift six foot, seven foot, eight foot bunch	Sobre as nuvens se voa limpinho.
Daylight come and me wan' go home	*Greta vem, poltronas onze e dez.*
Six foot, seven foot, eight foot bunch	Greta, me falta é só um beijinho.
Daylight come and me wan' go home	*Altitude trinta e dois mil pés.*

Day, me say day-o	Reggae, e reggaeletro.
Daylight come and me wan' go home	*Rastafari hoje elétrico.*
Day, me say day, me say day, me say day...	Rasta, e Reggae e Rasta e Reggae
me say day,me say day-o	e Rasta e Reggaeletro.
Daylight come and me wan' go home	*Rastafari hoje elétrico.*
Come, Mister tally man, tally me banana	Com luz solar, a custos de banana.
Daylight come and me wan' go home	*Olha lá, a costa do Pará.*
Come, Mister tally man, tally me banana	Eu vou querer um caldo de cana.
Daylight come and me wan' go home	*Três semanas e voltamos já.*
Day-o, day-o	E-o, E-e-le-tro!
Daylight come and me wan' go home	*Para Jamaica com a luz solar!*
Day, me say day, me say day, me say	E, me say E, me say E, me say day, me say
day, me say day, me say day-o	day, me say Day-le-tro.
Daylight come and me wan' go home	*Amanhece e aterramos já.*

5ª CENA: Alimentação

Greta: Lindo. Beleza mesmo. E muito belo demais para tornar-se real neste mundo duro: o transporte aéreo limpo e puro, como o beija-flor que voa com o néctar das flores do Canadá para a Costa Rica.

Dok: Small is beautiful.

Greta: But big is powerful. O que importa são os homens fortes com os seus bilhões, os seus iates grandes e bólides fortes, e com a voz masculina de baixo profundo rugindo dos tubos de escape dos seus motos Harley-Davidson ...

Dok: Hoje há Harley elétrico também. Bem forte, bem heavy mesmo, 250 quilo sob a bunda e 77 quilowatt. Bem farto mesmo. Nos tempos antigos isso era 105 força de cavalo.

Greta: 105 cavalos para uma bunda. Que progresso maravilhoso! Sim, sério! Antigamente um cavalo tinha que labutar dez anos para nós, dez anos puxando trenó no inverno e coche, carro, arado no verão, depois embora pra abatedouro. Carne de cavalo. Hoje os nossos animais de estimação são porcos e vacas, cordeiro e peru, ganso e frango. A maioria deles nas suas vidas nunca viu nem o sol nem um prado verde quando chegam no abate. Problema deles, se não são capazes de defender-se, tá okay? Culpa do bicho, se nasce nesse mundo como animal.

Dok: Aha, entendo, você já passa ao assunto próximo ...

Greta: Ao assunto mais importante, à causa mais profunda da crise climática.

Dok: Mas agora tá exagerando.

Greta: Exagero nem um pouquinho. Com cada bocada de carne nós chegamos mais perto da morte climática.
Até agora só falávamos sobre dois meios de transporte: Carro e avião já produzem grande parte dos gases estufa. Porém, a agropecuária para produção de carne e leite libera uns 150 por cento dos gases estufa produzidos pelo inteiro setor de transporte, com todos os veículos motorizados, aviões e navios juntos. 150 por cento, deixa-me mostrar na tela: Isso são os gases estufa que produzimos por todos veículos movidos por gasolina, diesel e carvão – e isso aqui nós produzimos pelo nosso apetite para a carne de animais mortos e o leite de vacas das quais roubarmos e matarmos os bezerros.

Dok: Aprendi na escola que criança precisa de leite ...

Greta: Do leite materno sim. Mas do leite de vaca, criança humana precisa tão urgentemente como do leite de anta, girafa e canguru.

Dok: Leite de coelha dá também?

Greta: Leite de vaca é o alimento ótimo – para bezerros. Como o leite materno para bebês humanos, naturalmente. Até hoje a maioria dos seres humanos pode digerir leite só até o terceiro ano da infância. Apenas no norte e centro da Europa os corpos humanos por dez mil anos aprenderam na maioria deles a digerir o leite das vacas ainda na idade adulta. De quatro pessoas no mundo, três não têm esse dom até hoje. Para 78 por cento dos árabes e judeus, 85 por cento dos japoneses, 90 por cento dos índios e negros e 93 por cento dos chineses até hoje o leite da vaca traz dor de barriga e flatulência.

Dok: [deixa ouvir um som correspondente]
Peido tem efeito de estufa?

Greta: Você não é vegano, é?

Dok: Ainda não.

Greta: Você toma banho cada dia?

Dok: Por que tá perguntando? Será que tó cheirando mal?

Greta: Pode ficar tranquilo, eu só penso na água de banho. Se você renuncia de um bife de meio quilo só uma vez, você economiza bastante água para tomar banho cada dia no ano inteiro.

Dok: Médicos dizem que banho demais não é saudável.

Greta: Enquanto um bife de 500 calorias contém apenas a metade das proteínas de uma porção de brócolis de 500 calorias.

Dok: Homem que é homem não come brócolis, mas muita proteína carnal para construção muscular ...

Greta: Músculo pra masculo. Vou te mostrar quatro exemplos para músculo de macho, quatro veganos absolutos ...
[Na tela aparecem sucessivamente um rinoceronte, um elefante, um gorila e um fisiculturista vegano]

Dok: Mas as células do cérebro, entende? Homem precisa carne para construção cerebral.

Greta: Agora quatro carnívoros puros, com inteligência correspondente. [Na tela: jacaré, urubu, tiranossauro, tubarão quebrando seus dentes numa prancha de barco]
E finalmente quatro vegetarianos com inteligência devidamente baixa ... [Na tela: Leonardo da Vinci, J.W. Goethe, Alexander von Humboldt, Albert Einstein]

Dok: O primeiro foi Leonardo da Vinci, o segundo Goethe, claro, o terceiro Alexander von Humboldt, tá certo?

Greta: Humboldt, sim. O amigo de Goethe, o modelo do seu doutor Fausto, o ambientalista e pesquisador da floresta tropical americana. Aliás, nas suas viagens ele fiz a observação seguinte: "Onde vive um caçador, podem viver dez pastores, cem agricultores e mil horticultores." Deixa-me mostrar quanta área agrícola você como onívoro normal tá precisando para sua alimentação ... [Na tela aparece uma area verde clara de quatro por duas unidades de extensão.]

Dok: Yippy yeah, that's my ranch, you understand, minha fazenda, só para mim.

Greta: E isso é a area que a vegana Greta precisa para sua nutrição bem mais saudável ... [Na esquina da fazenda de Dok destaca-se uma area verde escura de 1x1 unidade de extensão. Nota que o fator 7 (3.321 m^2 em vez de 455 m^2 para auto subsistência, calculado pela NGO austríaca Global 2000, é muito conservador. Uma nova pesquisa das Universidades Oxford e Minnesota (Clark/Springmann/Hill/Tillman, 12.11.2019), publicada por The Economist, 15.11.2019, chega ao fator 100]

Dok: Ali tem morango também? Então vou dar um pulo.

Greta: Você come ovos também?

Dok: De vez em quando. Por que?

Greta: Minha horta tem uma área de 455 metros quadrados: 22 metros por 21. E isso aqui [ela desdobra um lenço] é a área requerida para uma galinha poedeira conforme a lei da proteção de animais: 0,08 metros quadrados. Nesta área de gaiola ela vive dois anos, põendo uns 700 ovos. Depois ela, que na natureza vive 15 anos, fica esgotada, é pendurada de pé acima numa esteira rolante, e uma lâmina rotativa corta a cabeça dela, para que renda mais uns centavos vendida para caldo de galinha.

Dok: Galinhas vão pra céu também?

Greta: E isso aqui, com licênçâ ... [Ela tira o manto preto de Mefisto ...]

Mefisto: Que isso? Eu preciso, tá muito frio aqui ...

Greta: Isso, exatamente 1,8 metros quadrados, é a área de concreto onde um bezerro passa a vida inteira. Logo depois do parto ele é separado da mãe e colocado numa caixa onde ele é engordado por seis meses e, vale notar, de comida pobre de ferro para que a carne fica bem branca. Por falta de ferro, os bezerros permanentemente lambem os tubos de aço da gaiola. A ração deles contém sal em abundância, para que ficam de sede sempre e avidamente bebem o mingau liquido consistindo neste milho e soja que se cultiva na floresta amazônica queimada. [Estalando dedos] Ey, seus três Mefisto-músicos!

Harry+Rosa+Ira: Sempre ao dispor, com arte e ardor ...

Greta: Agora um samba brasileiro: a BICHOSOFIA, estudada por Noel Rosa e Chico Buarque.

[Greta canta com máscara simples de bezerro e/ou acompanhada por imagens na tela; mas como ela já tem oportunidade de mostrar seu talento em outras canções, pode delegar essa tarefa, com aprovação de Mefisto, convidando Rosa para cantar]

FILOSOFIA de Noel Rosa	**Bichosofia**
O mundo me condena,	O mundo me condena
e ninguém tem pena	e ninguém tem pena
Falando sempre mal do meu nome	pois sou apenas animal.
Deixando de saber	Me dão minha ração
se eu vou morrer de sede	e um dia comerão
Ou se vou morrer de fome	a minha coxa com chope e chucrute.
Mas a filosofia	O leite de mamãe:
hoje me auxilia	seus filhos sim o amam,
A viver indiferente assim	manteiga, nata, coalhada ...
Nesta prontidão sem fim	Eu, logo após o parto
Vou fingindo que sou rico	afastado da mãezinha,
Pra ninguém zombar de mim	imagina a sorte minha!

Não me incomodo
que você me diga
Que a sociedade é minha inimiga
pois cantando neste mundo
Vivo escravo do meu samba,
muito embora vagabundo

Quero ouvir agora
meu crime sem demora.
Ouvir vocês, que falam de direitos
arrogando-se de tanto
quanto facas e gás estufa
matam tudo, ai que pranto!

Quanto a você da aristocracia
Que tem dinheiro, mas não
compra alegria
Há de viver eternamente
sendo escravo dessa gente
Que cultiva hipocrisia

Ouvir vocês, seres aristocratas,
da classe que a Terra
tão maltrata.
Sou apenas um bezerro,
falta ferro mas não erro,
sou doutor da bichosofia.

O mundo me condena,
e ninguém tem pena
Falando sempre mal do meu nome
Deixando de saber
se eu vou morrer de sede
Ou se vou morrer de fome.

Na-tu-ra significa
que os seres nascem,
nem sabem antes como que.
Espécie é questão da sorte,
no meu bilhete vi: BEZERRO!
Meu Deus no céu, sou animal de corte!

Mas a filosofia
hoje me auxilia
A viver indiferente assim
Nesta prontidão sem fim
Vou fingindo que sou rico
Pra ninguém zombar de mim

É da filosofia
moral que tiro força,
pensando em reencarnação.
Meditando eu digo: Poxa!
Noutra vida essa coxa
sim vai ser enfim humana.
E de menina linda.

Greta: Resumindo: Nós grandes filósofos humanos somos bobos o bastante para crer que precisamos do leite de vacas bobas, galinhas estúpidas e porcos sujos para virar homens mais inteligentes, mais nobres e mais limpos. Aliás, para cada letra do alfabeto, menos o X, eu posso chamar no mínimo uma doença ligada com o consumo de carne e leite.[6] No mesmo tempo cor-

---

6 Alzheimer, botulismo, cânceres (risco 60 por cento maior) e cardiacas (risco 100 por cento maior), diabete, Ébola, [doenças de] fígado, gota, hepatite, imunodeficiências, linfoma, esclerose múltipla, norovirus, osteoporose, Parkinson, febre Q, reumatismo, salmonelose, triquinose, urinárias, vibrio, morbus Wilson, yersiniose, zoonoses.

remos o perigo que logo não podemos mais combater as nossas doenças infecciosas com antibióticos, visto que 80 por cento deles são usados na pecuária industrial e perdem eficiência por aumento de resistências dos germes.

Dok: Diga, Greta, você quer jogar-me na depressão? Acho que vou entrar na crise mental por causa da crise do clima. Já dez ou quinze anos daqui, toda carne vai ser produzida artificialmente, crescendo na fábrica, sem doença, com setenta por cento menos gases de estufa, e bezerro nenhum vai ter medo do abatedouro. No momento, querida Greta, quem me dá medo é você com sua pessimesmice perpétua. Lobisomem, boi da cara preta, mula-sem-cabeça, e agora o clima-sem-saida? Pensa na audiência, por favor. Lá tem jovens, crianças inocentes com toda a vida diante delas. Quer amedrontar justamente os mais inocentes?

Greta: O problema é que muita criança adulta na política e na economia se blinda dos fatos e do medo, para poder continuar com seus jogos preferidos em vez de ocupar-se com a realidade dura. No entanto, você tá certo. Não amedrontar, mas encorajar para mudar o mundo: é isso que importa.

Dok: E para este fim, eu tivesse uma ideia, ou melhor, uma pergunta.

Greta: É a pergunta que as mentes junta ...

6ª CENA: Pergunta de Margarida

Dok: Já ouviu a palavra "pergunta de Margarida"?

Greta: Claro, mas não sou Margarida nem má garota.

Dok: *Minha linda fidalga, dará me a graça*
de oferecer-lhe o braço até sua casa?

Greta: Uuuupa, que isso agora?

Dok: O Doutor Fausto de Goethe apaixona-se por uma moça [ele da um passo pra frente, se curva cavalheiresco para beijar a mão dela], mas ela responde com reticência timida ...

Greta: *Senhor, nem sou fidalga, nem sou linda.*
Vou achar minha casa sozinha ainda.

Dok: Olha só! Então você ja sabe como a coisa continua?

Greta: Claro. O doutor Fausto solicita o Mefisto que use seus meios de magia negra, a Margarida logo se apaixona pelo doutor, e como ela é cristã fiel, pergunta o namorado já poucos dias depois: *Agora diga: que ideia tens da religião?*

Dok: Exatamente. E como religião é muito importante para muita gente e lhes oferece esperança, orientação e sentido da vida, talvez deveríamos perguntar aqui as religiões, meio assim? Agora digam: que ideia têm do clima?

Greta: Legal. As religiões são guias éticas para grande parte da humanidade. Mas a quem nós pudéssemos perguntar, aqui no palco?

Rafa: Quem mais ...

Gabri: Além de nós?

Mica: Não é que somos otimamente preparadas [ostentosamente ela sacude as asas] pra essa tarefa, quase predestinadas?

Mefisto: De fato vocês são! Por premonição bem sábia, eu já trouxe a cobertura casta pra cada uma de vocês: Um cachecol hassídico, um véu de freira católica, um chador muçulmano ...

[Ele oferece os véus para Rafa, Gabri e Mica que até agora ficaram sentadas, ou deitadas de bruços, com cabezas erguidas como putti de estilo barroco, e agora descem do nível celeste]

Rafa: Posso eu, como mensageira da primeira e mais antiga das três religiões abraâmicas, expor a posição do judaísmo?

Gabri: [chateada] Mas bem brevemente, por favor.

Mica: [mordaz] Considerando que nós somos as mais jovens – e as mais modernas.

Rafa: Verdade? Mas tudo bem, então vou considerar o que o judeu Jesus disse sobre os primeiros que serão os derradeiros, no verso de Mateus 19:30. Proponho que as primeiras serão as mais fortes, quer dizer as igrejas cristãs, com dois bilhões e meia de fieis. Com licença, peço que começas, Gabriela.

Gabri: Obrigada, Rafa. É verdade, somos nós o grupo mais forte numericamente. Mas no fundo é assim como já diz o meu nome Gabriela: Gavuri-el, minha força é Deus, e dele vem a nossa energia.

Mefisto: Mais energia nuclear e mais força militar – não é isso o que políticos cristãos propõem a respeito da crise do clima?

Gabri: O Papa Francisco, na sua Encíclica ambientalista *Laudato si*, fez uma proposta bem diferente: O verso bíblico "Frutificai e multiplicai-vos, e enchei a terra, e sujeitai-a" deveria ser interpretado como o convite divino para cultivar e proteger o jardim da Terra. O homem não é o dono do mundo, mas uma parte do inteiro. Uma parte da "Terra Irmã", como escreveu Francisco de Assis. O Papa Francisco chama o clima "um bem comum, um bem de todos e para todos", particularmente porque as sequelas da mudança climática afetam particularmente os pobres do planeta. Veemente o Papa critica o capitalismo ...

Mefisto: ... com o qual a Igreja sempre se dava muito bem ...

Gabri: ... e ele destaca a "culpa ecológica" do norte rico e envenenador da Terra, comparando o comércio de emissões moderno com o comércio de indulgências no século décimo sexto. [Na tela: CO_2 por capita, por países]

Mefisto: Aiaiai, o famoso padre Tetzel, como era seu verso pregando indulgências? "Quando moeda tilinta na caixa santa, o norte como virgem canta ..." Meio assim.

Gabri: O crescimento da população no sul não tem culpa, o Papa disse ... [Na tela: número de filhos por mulher, por países]

Mefisto: Frutificai e multiplicai até que a cortina cai ...

Gabri: ... os culpados não são as crianças no sul, mas o consumismo no norte. Literalmente o Papa disse: "Culpar o incremento demográfico em vez do consumismo exacerbado [...] de alguns é uma forma de não enfrentar os problemas. Pretende-se, assim, legitimar o modelo distributivo atual, no qual uma minoria se julga com o direito de consumir numa proporção que seria impossível generalizar, porque o planeta não poderia sequer conter os resíduos de tal consumo." O Papa apontou também que "é trágico o aumento de emigrantes em fuga da miséria agravada pela degradação ambiental. Infelizmente, verifica-se uma indiferença geral perante estas tragédias, que estão acontecendo agora mesmo em diferentes partes do mundo ... Tendo em conta que o ser humano também é uma criatura deste mundo, que tem direito a viver e ser feliz e, além disso, possui uma dignidade especial, não podemos deixar de considerar os efeitos da degradação ambiental, do modelo atual de desenvolvimento e da cultura do descarte, sobre a vida das pessoas."

Mefisto: A vida das pessoas. [Ele pega um violão para tocar quatro acordes dissonantes] Adoro as palavras do Sumo Pontífice daquela religião que assistiu à quase extinção dos índios [1], à queimação das bruxas e dos guitarristas heréticos [2] e recomendou a escravização dos africanos [3], com o apoio diligente de traficantes muçulmanos e judeus [4]. Por isso, eu gostaria de ouvir agora algo da mensageira muçulmana, a respeito do assunto *Alcorão e clima*. Assunto que atinge particularmente vocês muçulmanos. Os xeiques bombeiam dinheiro como petróleo, os emirados disparam no ar o recorde mundial de gases estufa, e o Oriente Médio tem boas chances para tornar-se a primeira região inabitável por excesso de calor. Então vamos colocar placas nas entradas de Meca e Medina, "Fechado por calor, já volto ... Insh Allah, se Deus quiser."

Mica: A questão é: Como prevenir isso, e com cujo apoio? Meu nome Mi-ca-el é mesmo uma pergunta, significando "Quem é como El, como Allah, quem é como Deus?"

Mefisto: *De vez em quando gosto de ver o Velho,*
e cuido não romper com ele.

Mica: A palavra *islã*, derivada de *aslama* que significa dedicar-se, aponta ao contrário de romper com Deus. Com 1,8 bilhões de fiéis, o islã agora é a segunda mais grande religião mundial, e a que mais cresce. E de fato a comunidade muçulmana vai ser particularmente afetada pelo aquecimento global. No maior país islâmico e com a quarta maior população do mundo, a saber a Indonésia, a mudança climática e as concomitantes inundações já agora tornam os pobres a serem extremamente pobres. Os peritos do clima supõem que o Oriente Médio e o Norte de África vão ficar mais quentes e mais áridos, com secas mais graves e escassez de água por milhões, aumento de migrações e o perigo de conflitos violentos. E as vítimas vão ser sobretudo aqueles seres humanos que causaram menos gases estufa e são os menos culpados da mudança climática. No agosto de 2018, eruditos muçulmanos juntos com peritos e ativistas de mais de 20 países chamaram os muçulmanos do mundo inteiro para ação, o que significa antes de tudo afastar-se de fontes fósseis de energia, e de avançar transformando-se em sociedades que ganham cem por cento da sua energia de fontes sustentáveis, quer dizer sobretudo de energia solar e eólica – das quais muitos países muçulmanos dispõem em abundância – e o mais rapidamente possível.

Mefisto: Insh Allah. Se Deus quiser. E também com a rapidez que Ele quiser?

Rafa: Licença? [Ela pega o violão que o Mefisto tem na mão]

Mica: Com a rapidez necessária, seu Mefisto! Nós sabemos do Alcorão, que Allah fiz cada um de nós um guardião da Terra; daquela Terra que é uma "casa valorosa" com recursos limitados. Cada um de nós é um tutor, um *Khalifah* com a missão de manter o *Mizan*, o equilíbrio muito vulnerável. Porque se não cumprimos a missão, os recursos fósseis que anteriormente trouxeram riqueza vão acabar destruindo este equilíbrio junto com a riqueza.[7]

---

7   Islamic Relief USA, http://irusa.org/huffington-postdelivering-promises-paris-worlds-muslims-demanding-climate-action-now/

[De mansinho, Rafa toca os acordes da canção de Gebirtig]

Mefisto: Equilibrio? [De braços extendidos, ele faz mímica de balança] Na esquerda os pobres, os índios, os pequenos agricultores, as mulheres, os jovens rebeldes – e aqui: o dinheiro! [A balança vira vigorosamente, Mefisto quase dando cambalhota, tudo na esquerda voa pra o lixo, enquanto Mica já começa cantando ...]

NÃO FALTA MISÉRIA segundo "Der Singer fun Nojt" (O cantor da miséria) do marceneiro Mordechai Gebirtig (1877-1942).

Mica: Os ricos magnatas repletos,
meus versos não elogiarão.
Tem grana, vão meio salvar-se
das coisas que acontecerão.

Gabri: Os mares subindo nas costas,
pois a Antártica degelou.
Advogado se muda pra alto.
Afogado é quem lá ficou!

Rafa: Nas roças tão secas dos pobres
poeira se pode colher.
Na bolsa do Wall Street valores
dão grana pra lucro crescer.
Mica: Estados do norte têm quota.
pra náufrago não embarcar.
No sul nem madeira pra arca –
miséria vai nunca faltar.

Gabri: 300 barracos por hora
na fúria do furacão.
O pobre já paga a fatura
ao rico que vende carvão.

Mefisto: Oi, cantam seus versos tristonhos,
de clima e justicia!
Despertam o Velho nos ceus
que salve o seu mundo já!

Rafa: Posso responder já? Eu, como reverente do *Velho nos céus*, como o Senhor Mefisto gosta expressar-se, a saber reverente da Antiga Aliança do ser humano com a força criadora? Meu nome Rafa-el significa: Curar-nos-ia Deus. Mas isso o Senhor só pode realizar através de nós seres humanos. É por isso que vale para todos os judeus a tarefa de *Tikkún olám*, significa consertar o mundo. Os nossos sábios ensinam que essa tarefa comum depende de cada um de nós, de cada único indivíduo. Nossos sábios dizem que a cada instante o mundo anda à beira do precipício, no equilíbrio entre fracasso total ou sucesso futuro. E a cada momento é justamente o teu comportamento de pequeno indivíduo que decide, que inclina a balança no sentido bom ou mal: Einstein disse que "não podemos escapar do fato que cada uma de nossas ações tem efeito para o mundo inteiro". E nunca essa sabedoria era mais importante que em nossos dias, quando os comutadores basculantes do aquecimento global podem virar a cada instante. Nós temos que reconhecer os sinais dos tempos, contra todos os negadores com seus sermões tranquilizantes.

Mefisto: Que bonito sermão!

Rafa: Agradeço. Mas além da obrigação de consertar o mundo, dois outros princípios da ética judaica importam na crise do clima. Cuidar dos pobres – e evitar qualquer desperdício. E vale também o princípio do rabino Tarfon: "Não estás obrigado a concluir a obra, mas não tens o direito de não começá-la." Esse lema foi realizado também pelo homem quem Deus mandou resgatar animais de todas espécies, inclusive a humana, da grande catástrofe. E Noé construiu a arca ...

Mefisto: Olé, olé olé, Noé, Noé. E foi por que, que ele tinha que construir a arca? Porque o Senhor do Céu quis afogar tudo, não é? "E romperam as fontes do grande abismo, e as janelas do céu se abriram". Hoje o Noé tivesse que construir uma casa frigorífica. Porém, não ajudaria muito, porque o Senhor do universo não deu instruções para tais problemas da manutenção do seu lar no sistema solar ...

Rafa: Não deu, verdade? Seu Mefisto não lia a bíblia? Não lia no livro Levítico, capítulo 19, o mandamento igualitário

"Amarás o próximo como a ti mesmo"?

Mefisto: Que belo mandamento! Porém, prevendo os tempos do climapocalipse, não é que o Senhor melhor tivesse mandado que "Amarás as próximas gerações como a sua própria"?

Rafa: Como a sua própria ... Eu gosto muito disso. Isso é uma muito boa, uma deixa-me dizer satanicamente boa adenda. Aliás, num outro trecho da bíblia, no livro do Jó, o prosecutor Satanás é um dos filhos de Deus. Tanto mais eu concordo plenamente com o prosecutor e continuo citando um verso de Eclesiastes, que escreve: "A sorte do ser humano e a do animal é idêntica: como morre um, assim morre o outro, e ambos têm o mesmo espírito, o mesmo fôlego de vida; de fato, o ser humano não tem vantagem alguma sobre os animais." Isso não comprova claramente que também os animais são nossos próximos? De fato, no livro Gênesis, Deus estabelece a sua aliança com os seres humanos *e os animais*, e já no livro seguinte de Moisés ele dá direitos também para os animais, por exemplo o direito de não trabalhar no sábado. E quanto à alimentação: Cada sétimo israelense é vegano, porque o ideal judaico é não comer carne.

Mefisto: O ideal, que natural! Realmente, contudo, os israelenses comem per capita até mais carne do que os argentinos católicos com seus churrascos bombásticos, quer dizer 99 quilo por ano, a comparar com os 21 quilo de cada palestino, 9 quilo na Nigéria, 5 quilo na Índia e 3 em Burundi, Butão e Bangla Desh. No Brasil, aliás, são 86 quilo, na Alemanha de hoje são 88, na época do nosso Goethe eram só 14 quilo.

Greta: E o próprio Goethe era vegetariano.

Mefisto: E sem carne conseguia
      compor tão bela poesia
como a balada do Aprendiz de Feiticeiro que não pode parar o feitiço de água e no seu pânico exclama:
      "Socorrem-me, seus altos poderes"?
Minha pergunta para as três religiões poderosas é pura e simples: O grande Mestre Move-tudo acima no céu vai ajudar a nós aqui embaixo na Terra escapar da armadilha climática? Será que o Grande Mestre no último momento vai intervir e resgatar o

aprendiz humano [ele aponta para Dok] suando de medo do afogamento?

Dok: [declama de pé, patético, os versos modernizados ...]
Ai seu monstro do inferno!
Será que Miami vai afogar-se?
sobre soleiras de Hamburgo
já vejo águas arrastar-se!
Acima como gas estufa
o mar também quer elevar-se.
E se a gente continua,
os cariocas vão molhar-se!

Mefisto: Bem citado, aprendiz! O rapaz tem jeito! Nova Iorque e Miami, Rio e Hamburgo e tantos litorais: A mudança do clima vem como a maré cheia, acredita?
Mas olhem: O Velho acima não é mais forte do que o Diabo embaixo? E em quem confia este mundo? Se mais de 55 por cento da humanidade pertencem a suas três religiões, e seu três vezes único Deus demanda que vocês ajam sem demora, então por que nada se muda? Será que o desastre acontece tão necessariamente como o Amém na igreja? Por favor, para não explodir, posso eu cantar um pequeno canto de [ele grita] DESABAFO?

NÃO É NECESSÁRIO ASSIM

"It ain't necessarily so" canta o céptico Sportin' Life no musical *Porgy and Bess* de George e Ira Gershwin com DuBose Heyward. (S = Solo Mefisto, C = Coral, i.e. Greta, Dok, Rafa, Gabri, Mica e os climúsicos)

Texto clima	Texto original (Sportin'Life's part)
S: Não é necessário assim.	It ain't necessarily so.
C: Não é necessário assim.	It ain't necessarily so.
S: Que a Terra se esquente –	The things that your preacher
S: quem negou já se desmente,	is liable to teach ya –
S: e isso é necessário assim.	no, it ain't necessarily so.
S: O Davi, e o Goliatão!	Li'l David was small, but Oh My!
C: O Davi, e o Goliatão!	Li'l David was small, but Oh My!
S: O rapaz deu suingue	He fought Big Goliath
S: ao seu estilingue	Who lay down and dieth -

S: e o monstro deitou-se no chão!	Li'l David was small, but Oh My!
S: Davi?	Wadoo!
C: Davi!	Wadoo!
S: Derrubou o vilão?	Zim bam boddle-oo!
C: Derrubou o vilão.	Zim bam boddle-oo!
S: Apocalipse?	Hoodle ah da waah da!
C: Apocalipse?	Hoodle ah da waah da!
S: Com vós não?	Scatty way!
C: Com nós não!	Scatty wah!
C: Não jamais!	Yeah!
S: Gasolina e Diesel só fede?	Old Jonah, he lived in the whale.
C: Gasolina e Diesel só fede!	Old Jonah, he lived in the whale.
S: Sem óleo petro	For he made his home in
S: andareis elétro,	that fish's abdomen –
S: carona dareis a quem pede.	Old Jonah, he lived in the whale.
S: Moisezinho no rio boiou?	Li'l Moses was found in a stream.
C: Moisezinho no rio boiou!	Li'l Moses was found in a stream.
S: E quem viu a cestinha	He floated on water
S: foi a filha lindinha	to old Pharao's daughter, she
S: do faraó – que ném duvidou!	fished him, she says, from that stream.
S: Linda?	Wadoo!
C: Linda!	Wadoo!
S: Do Nilo tirou?	Zim bam boddle-oo!
C: Do Nilo tirou!	[... resto da estrofe como a sobre Davi acima]
S: Se formam as mentes	To get into heaven
S: dos jovens obedientes:	don't snap for a Seven –
S: Calado se chega no céu!	live clean! Have no fault!
S: Em vez de crer tudo	Oh, I take that Gospel
S: e ficar gado mudo	whenever it's poss'ble –
S: protesto é preciso! Entendeu?	but with a grain of salt!
S: Tirareis o lixo do mar?	Methus'lah lived 900 years.
C: Tiramos o lixo do mar.	Methus'lah lived 900 years.
C: Cuidamos da Terra,	But who calls that livin'
C: paramos a guerra.	when no girl will give in
C: A cultura vai continuar!	to no man who is 900 years?

S: Não é necessário assim.	It ain't necessarily so.
C: Não é necessário assim.	It ain't necessarily so.
S: Na escola se espalha	They tell all you chillun
S: que diabo é canalha.	the Devil's a villun
S: Mas não é necessário assim.	But it ain't necessarily so
S: Aceitem a dica de mim:	I'm preaching this sermon to show:
S: É desnece, desnece,	It ain't necessa, ain't necessa,
S: desnece, desnece,	ain't necessa, ain't necessa,
SC: desnecessariamente assim!	ain't necessarily so.

Greta: Okay, aceitamos a dica. Pensamos por nós mesmos.

Dok: E eu penso, que erramos se apenas perguntamos judeus, cristãos e muçulmanos, deixando fora as outras religiões que nem tanto acreditam num Deus punidor e recompensador no céu, mas antes na reencarnação de nós todos na Terra.

Greta: Verdade, sobretudo hindus e budistas ...

Dok: E sikhs e jains, yezidi e bahai ...

Rafa: Também muitos judeus acreditam em reencarnação.

Mica: E no islã, os sufis e os alevitas.

Dok: Até Goethe – que aliás teve um tataravô turco – falou de transmigração das almas. Mais do que a metade da humanidade acredita na reencarnação das almas dos mortos em novos corpos.

Greta: E que tal nós ligarmos reencarnação e clima?

Dok: Como assim?

Greta: Olha: Tem gente que ainda proclama que aquecimento global não existe. Jeito *"I don't believe it."* Dizem que mudança climática é uma invenção dos chinêses e assim por diante. E estes tipos fazem simplesmente nada contra o perigo, mas continuam como ontem, *business as usual*. E agora imagina que estes negadores morrem qualquer dia, e trinta anos depois eles nascem de novo neste mundo que entrementes está bem quente e violente e caótico, e então eles mesmos têm que expiar e exsudar tudo.

Dok: De certa maneira seria justo, não é?

Greta: Pelo menos ai ninguém mais diria *"I don't believe it"*.

Dok: Eu gosto da ideia. Acho que a partir de hoje eu vou acreditar na reencarnação. Como Goethe. Quando ele se tinha apaixonado mais uma vez, escreveu para um amigo o seguinte: "Não posso explicar a força de atração dessa mulher de outra maneira que ela numa vida passada era minha esposa."

Greta: O Goethe tinha filhos?

Dok: [indica com os dedos] Cinco, com Christiane Vulpius, sua esposa nessa vida.

Greta: Eu suponho que crianças humanas nascerão neste planeta também cinquenta ou cem, e mil e dez mil anos daqui. Sendo assim, de que importará se essas crianças nascerão pela primeira ou renascerão pela enésima vez? Tanto faz, não é? Ou será que os problemas que eles terão devido ao aquecimento global serão menos ruins se eles são crianças novas, em vez de almas reencarnadas, recicladas?

Dok: Não. Porém, muitos dos nossos contemporâneos que já têm quarenta, cinquenta anos de idade parecem pensar: A mim a mudança não vai incomodar mais. Vou viver agora, com prazer e luxo, e sair. Depois de mim o dilúvio, depois de mim o calor, vamos voar para Florida mais uma vez, compramos carro maior rapidinho ...

Greta: Depois de nós a fome, depois de nós as guerras, e se elas atingem os filhos nossos, é problema deles.

Dok: É problema deles ...

Greta: Mas será que alguma dessas pessoas mudasse o seu comportamento se soubesse que vai ter que expiá-lo na sua próxima vida, dentro da próxima pele?

Dok: O que fica bem claro é que no caso de reencarnação vai surgir um problema de espaço: Quantos bilhões poderão viver nesta Terra, se a metade dela se esquenta demais, ficando com calor insuportável?

7ª CENA: Mudas de mudança

Greta: No meu ver, falar sobre reencarnação não adianta. O que conta é se nós sentimos responsáveis para com as próximas gerações, não importa se nós mesmos são essas G2, G3, G4 ou serão outros que vão ter que passar por isso.

Dok: Amarás tu as seguintes gerações,
cuidando para suas condições!
O que você não quer vivenciar,
Tu pouparás decerto o teu lar ...

Greta: O lar, a família, a prole, seja nato ou nascitura. Artigo 1 dos direitos humanos: Todos os seres humanos nascem livres e iguais em dignidade e em direitos. Dotados de razão e de consciência, devem agir uns para com os outros em espírito de fraternidade.

Dok: Infelizmente, a igualdade para muitos é tão igual e banal como o tempo de ontem, se bem que entre seres humanos é sempre isso que importa: meus direitos – e os direitos dos outros.

Greta: Eu – e minha próxima: nós temos os mesmos direitos. Ou será que o rico pode enriquecer a atmosfera com cem vezes mais CO_2 do que o pobre que morre de calor? Motorista de Mercedes alemão na sua riqueza tem o mesmo direito como ciclista em Sri Lanka na sua riquixá? Se o resgate do clima não é questão de justiça e ética e religião, o que então? E para concluir o tema religiões, cabe aqui a frase famosa deste cacique da tribo índio Lakota? "Apenas emprestamos essa Terra dos nossos filhos." Então por favor, queridos pais, devolvam o empréstimo valoroso, em boas condições, e não com autodestruição embutida.

Dok: Você sabe o que disse o Oren Lyons, cacique da tribo Onondaga? Falou assim: "Nós Onondaga em cada decisão pensamos na sétima das gerações vindouras. É nossa tarefa cuidar para que os seres humanos depois de nós, as gerações nascituras, encontrem um mundo que não é pior do que o nosso – e com sorte melhor."

Greta: Legal! Os Onondaga pensam sete gerações adiante, antecipando e responsabilizando-se para sete gerações vindouras. Sabe que aqui no Brasil com este desflorestamento irresponsável, nas reservas dos indígenas o desmatamento pelas madeireiras e agropecuarias e garimpeiros é doze vezes mais lento, porque os indígenas protegem a floresta e praticam uma agricultura sustentável, na floresta, com muita diversidade e pouca intervenção? E pode crer: Os índios têm a solução, e ela se chama florestas.

Mefisto: Meus ateus do céu! Florestas! O mundo tem poucos milhões de indígenas protetores de florestas, mas mil vezes mais produtores de gases estufa! Parem sonhando, meninada!

Greta: Primeiro sonhar, segundo pensar, terceiro lutar. Assim dá. Deixa-me explicar:
Primeiro, sonhar: Sim, eu sonho com a nossa vitória.
Segundo, pensar: Desde as primeiras máquinas a vapor, nós seres humanos temos carregado a nossa atmosfera com 300 bilhões de toneladas de CO_2. Mais de 200 bilhões podemos retirar dentro de poucas décadas, e de qual maneira? Plantando árvores! Cientistas da Universidade Tecnológica de Zurique calcularam que hoje 2,8 bilhões de hectares da nossa Terra são cobertos de florestas, e que restam ainda 0,9 bilhões de hectares para plantar. Terceiro, lutar: Estes 0,9 bilhões de hectares nós vamos plantar em árvores. E rapidamente.

Dok: Quer dizer com quantas árvores?

Greta: Os cientistas suíços calculam que nos 0,9 bilhões de hectares, quantas árvores vão poder crescer? Adivinhe!

Dok: Um hectar é mais o menos um campo de futebol. Neste campo eu acho que mil árvores vão ter espaço. Só vai ser dificil jogar futebol.

Greta: No momento a terra tem três trilhões de árvores. Nos 0,9 bilhões de hectares, mais um bilhão de árvores vai ter espaço, segundo o cálculo dos suíços.

Dok: [calculando no celular] Um bilhão de árvores por 7,7 bilhões de seres humanos, significa plantar por cada um, do bebê até a avó, 130 árvores, e para a plantação cada um de nós pode dispor de 1.200 metros quadrados. Para cada um de nós, uma área de 35 por 35 metros deveria ser plantada em árvores. Nosso quintal tem 20 pra 15, eu sei porque já cortei o gramado um milhão de vezes.

Greta: Sabe que a ONU já iniciou o seu programa "Um trilhão de árvores"? Dá pra fazer, os cientistas dizem, pois tanta área ainda temos ao nosso dispor. Mas isso só tem sentido se não queimamos mais carvão e petróleo, mas deixamos tudo no solo. E dá pra realizar com ainda mais facilidade se renunciamos de carne e leite e usamos a área que até hoje gastamos para pasto e ração dali para plantar ainda mais árvores. Abate não, resgate já? O lema tem ritmo, né? O que é que os músicos acham?

Harry: A saída que resta: floresta presta!

Rosa: Mudas na terra, que o clima recupera ...

Ira: Mudas de mudança, a nossa esperança!

Rafa: Tem apelo. E é fácil visualizar a solução.

Gabri: Primeiro, gente, como as coisas são atualmente ...

Mica: Os campos repletos de carne em espetos.

[As três cobrem o palco rapidamente de espetos de churrasco (compensado pintado com espino de ripa, em pedestais de amapá)].

Rafa: Assim é hoje ...

Gabri: E agora vem a mudança que alcança ...

[Girados, os espetos são troncos de árvores brilhando de folhas verdes].

Mefisto: É fácil sonhar com agroflorestar,
esperando resgate de tal disparate
de arvores salvando o clima
de índios não mais atirando pra cima [gesto: arco ...]
deixando a caça,
colhendo nozes em massa.

Avançam, suas moças tão cheias
de maravilhosas ideias!
Que fim feliz! Só que a humanada
será sentenciada!

Rafa, Gabri, Mica: Será salva!

Greta: E muito embora
Porque a gente se ARVORA!

8ª CENA: Aposta?

Mefisto: Será que o clima não merece aposta?
No risk, no fun! Portanto ouçam a proposta,
espero que a gente gosta!

Greta: Apostar em que?

Mefisto: Eu aposto, que essa espécie humana não vai ser capaz de driblar a catástrofe climática. Eu afirmo, alego e aposto que já dois septénios daqui, quer dizer no ano 1934, vai ficar evidente que não deu certo refrear o CO_2 e que já naquele ano vários co-mutadores basculantes vão ficar fechados, de modo que a dinâmica própria dos efeitos auto reforçadores, dos assim chamados feed-back-cycles ou círculos viciosos, seja degelo dos solos permafrost, morte do fitoplâncton, derretimento dos glaciares e aumento dos fogos florestais, já vai ser inexorável.

Greta: Nós apostamos contra!

Mefisto: Os glaciares derretendo cada ano mais rápido! Menos brancura, mais calor, e geladeira não ajuda!

Greta: Nós apostamos contra!

Mefisto: Os solos permafrost degelam 70 anos antes do prazo previsto, liberam um monte de metano e nuvens imensas dos peidos de mamute degelados!

Greta: Nós apostamos contra!

Mefisto: Florestas queimam na Austrália, e na Alasca como palha ...

Greta: Nós apostamos contra!

Dok: Senhor Mefisto, por favor, você aposta qual valor?

Mefisto: Bilhetes de loteria. A gente quer lucrar com a aposta. Por isso, eu já fiz impressão de bilhetes e trouxe a primeira série pra cá. Com a compra de tal bilhete [ele mostra um na mão elevada] ao preço de apenas 10 R$, o comprador/ a compradora aposta que a espécie humana sim vai conseguir evitar a catástrofe, passando assim por este exame existencial de maturidade.
Caso a espécie humana vai conseguir limitando até o ano 2034 a subida da temperatura média a 1,8 graus, eu vou ter perdido minha aposta. Neste caso, eu vou entregar a cada proprietário e compradora de bilhete uma carta de agradecimento, com minha assinatura autografada, admitindo o meu erro. Por essa assinatura autografada pelo Satanás, pela força cósmica que "sempre quer o mal, e sempre o bem vai promover", cada uma das cartas de agradecimento terá um valor de, no mínimo, uns 10.000 R$, no mercado negro ainda mais. Cada bilhete acerta! A porta é aberta, e imperdível a oferta!
 Ou será, que na plateia
 pessoa alguma, fiel ou ateia

ainda fica sem o forte
desejo de tentar a sorte?
Lá tem uma, pode ser?
Você e sóbrio mas não quer?
Então vou eu, o Mefisto
criado por Goethe de Anticristo
aumentar minha aposta
sem truque e, perdão, sem bosta
pois acho jeito de bom tom
na véspera de armagedom
plantar, se queira, macieira
como disse o monge bonzinho
o grande reformador, Lutero Martinho.[8]

Os 10 R$ de cada bilhete eu vou usar inteiramente para um fim de benefício público, isto é a compra de mudas de árvores para plantio em países escolhidas.

E mais um bombom, minha gente: Pagados os 10 R$ para o seu bilhete, vocês podem em seguida pegar uma muda e levar pra casa, se prometem plantá-la no seu quintal.

Cor de cinza, meu amigo, é a teoria lida,
mas auriverde só a árvore da vida.

Tão ruim, meus senhores, tão ruim o Satanás nem é. Concordam?

Greta: Prezados hospedes, essa ideia diabólica do Senhor Climefisto vem bem de surpresa. Mas eu acho que a venda de bilhetes se pode realizar facilmente no intervalo de petisco vegano, para o qual nós dois, o doutor e eu, queremos afinar vocês com a nossa canção de estimação. Depois do intervalo convidamos vocês para o fim da nossa peça musical, consistindo de uma cena de debate aqui nessa sala, sobre o nosso drama, sobre a nossa ingenuidade e a farsa da crise climática.

---

8 "Se eu soubesse que o fim do mundo fosse amanhã, eu plantasse maçaneira ainda hoje": A frase famosa de Lutero foi atribuida a ele na pós-guerra, nos escombros do regime nazista. Comprovadas são as citações seguintes: O Rabino Yohanan ben Zakkai (ca. 30-90) disse: "Se o Messias vem enquanto você está segurando uma muda na mão, primeiro planta a muda, depois vai e sauda o Messias." (Avot D'Rabbi Natan, 31b); Maomé disse: "Caso a última hora chegou enquanto alguém segura muda de palmeira nã mão que pudesse plantar antes, deve plantá-la" (passado por Anas ibn Malik, Musnad de Ahmad, capítulo Al-Mukthrin, Hadith 12512).

LA BAMBA   Este canção popular mexicana (que em 1963 inspirou *Twist and Shout*, um dos primeiros grandes sucessos dos Beatles) originou acerca do ano 1683, após o pirata holandês Laurens de Graaf ter saqueado e incendiado a cidade Veracruz no Golfo de México. A palavra "bamba" é derivada da noção de "bambaria" que significa aproximadamente "prevenir no futuro o que já aconteceu no passado". Por outro lado, muitos escravos mexicanos vieram de Angola e Camarões, onde o povo dos M'bamba vivia na beira do rio Bamba. Neste sentido, "bambarria" é traduzida como rebeldia dos escravos que historicamente a partir de 1816 dançaram aos sons deste canção. "Bambolear" significa um balançar de lá pra cá, por exemplo na dança. *Arriba* significa "pra cima" e "agora começa!" *Criollo*, no sentido de cultura miscigena com influência africana, aliás são todas as canções deste Climapocalipso após o prelúdio.

As palavras em maiúsculas são as intromissões deste Mefisto desrespeitoso para quem nenhuma esperança é santa ...

Texto mexicano	**Climatexto**	
Para bailar la bamba	Pra lutar pelo clima,	
Para bailar la bamba	pra lutar pelo clima	
Se necesita una poca de gracia	se necesita o ritmo criolo.	
Una poca de gracia	Um pouquinho criolo	
pa mi pa ti	pra mim pra ti.	
Y arriba y arriba	Y arriba o clima!	ARRIBA!
Ay arriba y arriba, por ti sere,	Ay arriba o clima pra ti pra mim,	
por ti sere, por ti sere!	pra ti pra mim, pra ti pra mim!	
Yo no soy marinero	Não somos bagunceiros!	O NO!
Yo no soy marinero, soy capitan	Não somos bagunceiros, mas marinheiros	
Soy capitan, soy capitan.	no navio espacial de nome Terra.	
Bamba, bamba	Viva a Terra!	
Bamba, bamba	Viva o clima!	
Bamba, bamba	Venceremos!	TALVEZ!
Bamba	Viva!	
Para bailar la bamba	Para vencer pelo clima,	
Para bailar la bamba	para vencer pelo clima	
Se necesita una poca de gracia	é preciso também esperança e ritmo de dança,	
Una poca de gracia pa mi pa ti	ritmo de dança pra mim pra ti,	

Pa ti, pa mi	pra mim pra ti, mim pra ti.
Y arriba y arriba	E o clima é vida. VERDAD!
Ay y arriba y arriba	Ai o clima é vida
Por ti sere, por ti sere, por ti sere	pra ti pra mim, ti pra mim!

Bamba, bamba	Viva a Terra!
Bamba, bamba	Viva o clima!
Bamba, bamba	Venceremos! UPA!
Bamba	Viva!

Para bailar la bamba	E nós passamos por cima! CREDITA?
Para bailar la bamba	E nós passamos por cima,
Se necesita una poca de gracia	porque defendemos o único clima,
Una poca de gracia pa mi pa ti	na única Terra que no cosmo nós temos
Y arriba y arriba	e nos venceremos! SE ACHA?
Ay arriba y arriba	Pois o clima é vida
Por ti sere, por ti sere, por ti sere	pra ti pra mim, ti pra mim!

Bamba, bamba	Viva a Terra!
Bamba, bamba	Viva o clima!
Bamba, bamba	Venceremos! TOMARA!
Bamba	Viva!

9ª CENA: Fórum final

"As relações amorosas de Fausto para com a Margarida tomam rumo fatal. Surge a pergunta: não o tomassem se Fausto se casasse com a Margarida?" Assim pergunta o dramaturgo Augusto Boal (1931-2009; exilado em 1971 após prisão e tortura, voltado para Rio após a ditadura) que me deu entrevista no ano 2000 durante o curso "Teatro faz política" do Anel da Juventude Bávara em Gauting perto de Munique. Quanto ao casamento Fausto-Margarida, Boal explica: "Geralmente essa pergunta não se faz. Parece banal, baixa, brega, burguesa ... Mas as pessoas simples fazem essa pergunta ... E depois de certo pensamento o ator vai perceber que essa pergunta é muito necessária, frutífera."
Pois Boal enfatiza: "Cada ser humano é artista."[9] Influenciado

---

9 Boal, A.: Theater der Unterdrückten. Frankfurt a.M. 1989, p.173-175.

por Paulo Freire e Bertolt Brecht, os métodos do seu "teatro dos oprimidos" realizam objetivos dos quais quero destacar aqui só os seguintes:

• A plateia está sendo integrada na peça como participantes ativos e juízes críticos: "O espectador se torna espect-*ator*, protagonista da ação dramática, se transforma de objeto para sujeito, de vítima para agente, de consumidor para produtor ... porque só o oprimido pode liberar a si mesmo."[10]
• Enfatiza-se o físico – como manifestação do status interior e exterior: "Cada postura corpórea, cada expressão física efetua um diálogo com outras pessoas."
• Teatro fomenta solidariedade e cooperação, serve à conscientização de estruturas e comportamentos sociais, de superstições e mistificações, em ação e diálogo democrático direto.
• E como Paulo Freire, também Augusto Boal defendeu o sonhar. Enquanto é errado se "o povo espera tudo do céu, porque do céu vem chuva e nada mais" e enquanto as telenovelas da vida dos ricos transmitem "sonhos ruins", no outro lado "sonhos podem criar realidade."[11]

O alvo alto de ativar os espectadores desvinculando-os do seu papel de consumidores se tenta realizar nas minhas peças "Homens!" e "Moças maldosas" apenas por entrevistas nas fileiras da plateia, enquanto no fim de "Fumar é saudável, diz doutor Marlboro" peritos do combate de drogas discutem e respondem no palco. Aqui no fim do Climapocalipso a ativação pudesse começar meio assim:

A. Para aquecimento mental
1. Ai, ai, ai, tá com medo chama o pai! No caso do clima se chama quem? Permitam-nos perguntar a vocês quem tem medo da mudança climática: Muito, pouco, nada de medo? Então quem admite que tem muito ... pouco ... ou medo nenhum de algo apocalíptico na mudança do clima?
2. Agora de novo a mesma pergunta, más só para pessoas com até 20 anos de idade ...; e finalmente, só para pessoas que já tem filhos ou netos ...

---

10 Entrevista 20.10.1997, em: Gautinger Protokolle, Munique 1998, p.99.
11 Protocolo comum dos cursistas, 26 de maio 2000.

3. A senhora tem filhos? Já tem netos? Não acredito. Será que por causa disso a senhora é mais preocupada com o clima? Qual conselho você queria dar à juventude?

B. Critica da peça

4. Nossa peça ligou um problema do século XXI com um drama famoso do século XIX, que alegadamente é a obra dramática mais citada do mundo: O Doutor Fausto de Goethe. No drama dele, a protagonista feminina, a Gretchen ou Margarida é figura trágica: Seduzida, dá à luz o filho do doutor, mata o bebê por desespero, fica encarcerada, nega quando o doutor quer liberá-la com apoio de Mefisto. Vocês acham lícito ou de mal gosto ligar a figura trágica da Margarida com a figura de Greta Thunberg? Existe um papel particular das mulheres na questão do clima?
5. Ou será que nossa peça já aspirou demais para um happy end? Será que apresentou os dados científicos de forma errada ou eufemística? Em quais pontos vocês queriam fazer correções?
6. Vocês acham que o tema das religiões predominou demais na peça? Qual é o papel das religiões na questão do clima?

C. No sentido da "dramaturgia simultânea" de Boal

7. A mudança climática é principalmente um problema religioso ou mais político ou sobretudo técnico? Se é mais político, quais papéis vocês queriam embutir na peça, em vez dos arcanjos e do Mefisto? [Destes papeis pudesse desenvolver-se o elemento dramatico boaliano da "escultura" ou da "imagem congelada": Os papeis escolhidos (político, bispo, cientista, empresária ...) se posicionam, cada um numa postura corpórea expressiva, para com os outros; os espect-*atores* corrigem as posturas; num passo adicional, a plateia ativa inventa frases para preencher um balão de texto passando sobre as cabeças da escultura; ou cada ator da escultura manifesta numa única frase seus sentimentos intrínsecos ou a respeito dos outros]
8. Prezados espect-*atores*, o dramaturgo Augusto Boal nas peças dele ofereceu ao público inventar um outro fim, um fim alternativo que os atores em seguida improvisaram no palco. Depois se discutiu se esse fim da peça realmente foi mais realista ou mais interessante, mais feliz ou satisfatório. Por isso nossa pergunta: Vocês acham que o fim da peça foi ingênuo demais? Será que a solução "mudas de mudança" é praticável e efetiva realmente? Na sua opinião, o que é que deveria ser o ponto mais importante,

os pontos mais importantes de uma solução realmente viável?

9. No seu livro "Teatro dos Oprimidos" Augusto Boal pergunta meio assim: "Se o doutor Fausto se casasse com a Margarida, tudo saísse bem?" Com essa pergunta, Boal talvez aponta para um conflito entre o direito à felicidade pessoal e a responsabilidade de cada pessoa para o futuro do planeta. Vocês acham que Greta e Dok simplesmente deveriam casar-se e ter filhos, deixando o clima de lado – ou lutando, como família, ainda mais fortemente contra a catástrofe?

Alguêm pode imaginar uma cena final mais realista, mais irônica, mais surpreendente? Ou até uma solução mais satânica à la Mefisto? Se têm uma proposta, por favor nós ajuda. Vamos tentar realizar as suas ideias aqui bem espontaneamente. Somos sus servidores, e vocês os nossos grandes mestres Mefistos.

Greta: Prezadas espect-atrizes e espect-atores, agradecemos a sua visita e o papel importante que vocês jogaram nessa apresentação. Muito mais do que para outras peças mais eruditas, vale para o nosso musical o verso de Bertolt Brecht na Boa Alma de Setsuan:

> *"Prezado público, vá buscando mesmo o fim!*
> *Pois há de existir um bom, ...*

Elenco: *... há sim, sim, sim!"*

Prelúdio

A melodia "Shto mne gore" (É isto minha dor) originou na cultura cigana e foi publicada pela primeira vez pelo músico judeu Samuel Yakovlevich Pokrass (Kiev 1894 – Nova Yorque 1939) já antes da sua emigração em 1924. Meus acordes de violão são sem função no prelúdio (mas talvez para um bis no fim da peça ...).

Einstein Farewell

Variante do calipso caribenho "Jamaica Farewell" de compositores desconhecidos, públicado por Harry Belafonte, que cresceu no bairro Harlem de Manhattan e em Jamaica como filho da empregada doméstica escocês-jamaicana Melvine Love e o marinheiro holandês-sefaradita-jamaicano Harold George Bellanfanti.

O fí - si-co Al - bertEinstein é ob - je - to da min - ha can - ção.

Pes-qui-sou so - bre es - paço e tem-po e nun - ca compra - va um car - ro não. E o

Ein - stein co - mo físi - co dis - se: "Tecni - ca-men - te au - to-mó-vel não dá. Pois

gas - ta tan - ta e - nergia an - dan-do sem sen-tido pra lá e cá." Comprar

au - to-mó - vel a - chou as-nei - ra, pre - fe-rin - do e - co-no-mi zar. É nun-ca fiz a

sua - a car-tei - ra, con-fi - an-do em duas ro - das pra an-dar.

Não falta miséria

Nem falta gratidão para o marceneiro Mordechai Gebirtig, nascido em Cracovia no ano 1877 e matado por balas alemães lá no dia 4 de junho 1942, o poeta e compositor genial desta canção em idioma ídiche *"Der Singer fun Nojt"* (O cantor da miséria).

(1) Notação original em D maior, arranjo para violão, de Velvel Pasternak.

(2) Versão em E maior, do autor da peça.

E-O

Atualizando o calipso jamaicano (estilo Mento) *Day-O,* de compositores anónimos, divulgado sobretudo por Harry Belafonte.

Bichosofia

... animaliza o samba *Filosofia* do compositor e poeta, cantor e violonista brasileiro Noel de Medeiros Rosa (Rio de Janeiro 1910-1937), publicado já em 1933, mas feito repercutir por Chico Buarque, que gravou a canção de Noel Rosa durante a ditadura militar em 1974, quando ele foi proibido de publicar seus textos próprios.

(Youtube tem Filosofia em versões de Noel Rosa e Chico Buarque.)

Não é necessário assim

Simplifiquei (K.Y.R.) a canção na partitura e no acompanhamento para violão. Vozes (Solo/Coral) veja p.44-46:

La Bamba

Para dançar La Bamba (comumente durante festas de casamento) se precisa "um pouquinho de graça" – que ajuda também na luta pelo clima.

E como não bastasse, o Climapocalipso ainda brinca com a ideia tola que alguém, por ordem da força do mal, de repente sabe tocar um instrumento que nunca na vida tinha nas mãos ...

Esther Bejarano nasceu em Saarlouis na Alemanha no ano 1924, filha do cantor de sinagoga Rudolf Loewy. No dia 20 de abril 1943 ela foi recebida em Auschwitz com a saudação "Então seus porcos de judeus, vamos mostrar a vós o que significa trabalhar."[12] Com alimentação pobríssima, Esther encarava a morte quando os nazistas buscaram uma sanfonista para a orquestra feminina que tinha que tocar no portal nas chegadas de novas vítimas, de acordo com o provérbio alemão
"Te sentas tranquilo onde ouve canção,
pois homem malvado tem cântico não."

Embora nunca tinha tocado nem uma nota na sanfona, ela ganhou domínio dela imediatamente, pois "eu disse para mim que tenho que conseguir isso, senão vou perecer".[13] Assim relata a Esther, que ainda canta numa banda antifascista (pois "com música se pode fazer muito")[14], no seu nonagésimo quinto aniversário em dezembro de 2019.

---

12 "Esther Bejarano und die Microphone Mafia", Pfalz-express.de, 16.06.2018; Wikipedia; Foto: Wikimedia Commons.
13 "Ich hatte jeden Tag Angst" ("Eu tinha medo cada dia"), t-online.de, 14.12.2019.
14 deutschlandfunk.de, 05.09.2016.

Foto do jovem plantador de árvore: cortesia de Cristiane Sampaio, Brasil de Fato, 16.12.2019. "Em contraponto ao desmonte ambiental, MST planeja plantar 100 milhões de árvores nos próximos dez anos".

Epilogo

Essa peça climusical se deve de modo essencial a sete compositores geniais que ou já deixaram essa Terra há mais de setenta anos ou ficarão anônimos para sempre, independente do clima. *Grácias, Spasíbo* e *Thanks, a sheynem Dank* e *Obrigado* para seus presentes ressoantes!
Claro que eu também não quero ganhar um monte de grana com a peça a qual declaro liberada para encenação por qualquer grupo interessado. Já agradeço qualquer feedback de email (veja abaixo), como também sou grato a meu amigo, o professor e guitarrista Saul Hamilton Gonçalvez, para a revisão ortográfica (bem necessária!).
A peça quer mudar e permite ser mudada para adaptar-se a diferentes tempos e palcos, grupos e elencos climadores que, assim se espera, vão encenar esse climelodrama nos seus lugares.

Bom sucesso para peça e planeta!

Curitiba, 05 de fevereiro 2020   Dr. Konrad Yona Riggenmann
kyriggenmann@gmail.com   konrig@t-online.de

Literatura básica do autor

Tema Clima:

Klein, Naomi: This Changes Everything. Capitalism and Climate Change. Nova Iorque 2014.

Rahmstorf, Stefan e **Schellnhuber**, Hans-Joachim: Der Klimawandel. Diagnose, Prognose, Therapie. 8.ª edição completamente revisada e atualizada, Munique 2018.

Romm, Joseph: Climate Change. What Everyone Needs to Know. Oxford University Press 2018.

Wallace-Wells, David: The Uninhabitable World. A Story of the Future. Londres 2019.

Tema Drama:

Boal, Augusto: Theater der Unterdrückten. Frankfurt do Meno 1989.

Boal, Augusto: Der Regenbogen der Wünsche. Seelze 1999.

Goethe, Johann Wolfgang: Faust. Der Tragödie erster Teil. Stuttgart 1986.

Schutzman, Mady e **Cohen-Cruz**, Jan: Playing Boal. Nova Iorque 2005.

Tema Música:

Leitão, Luiz Ricardo: Noel Rosa. Poeta da Vila, Cronista do Brasil. São Paulo 2009.

Pasternak, Velvel: The Mordechai Gebirtig Songbook. Tara Publications, USA 1998.

Tema Ser Humano:

Aron, Elaine N.: The Highly Sensitive Person. Nova Iorque 1997.

Aron, Elaine N.: The Highly Sensitive Person in Love. N.I. 2001.

Brackmann, Andrea: Jenseits der Norm – hochbegabt und hoch sensibel? Stuttgart 2005.

Prezia, Benedito, **Maestri**, Beatriz Catarina, **Galante**, Luciana: Povos Indígenas. Terra, cultura e lutas. São Paulo 2019.

Yovel, Yirmiyahu: The Other Within. The Marranos: Split Identity and Emerging Modernity. Princeton/Oxford 2009.